思想的・睿智的・獨見的

經典名著文庫

學術評議

五南圖書出版公司 印行

經典名著文庫

學術評議者簡介（依姓氏筆畫排序）

- 丘為君　美國俄亥俄州立大學歷史研究所博士
- 吳惠林　美國芝加哥大學經濟系訪問研究、臺灣大學經濟系博士
- 宋鎮照　美國佛羅里達大學社會學博士
- 林玉体　美國愛荷華大學哲學博士
- 邱燮友　國立臺灣師範大學國文研究所文學碩士
- 洪漢鼎　德國杜塞爾多夫大學榮譽博士
- 孫效智　德國慕尼黑哲學院哲學博士
- 秦夢群　美國麥迪遜威斯康辛大學博士
- 高明士　日本東京大學歷史學博士
- 高宣揚　巴黎第一大學哲學系博士
- 張光宇　美國加州大學柏克萊校區語言學博士
- 張炳陽　國立臺灣大學哲學研究所博士
- 陳秀蓉　國立臺灣大學理學院心理學研究所臨床心理學組博士
- 陳思賢　美國約翰霍普金斯大學政治學博士
- 陳清秀　美國喬治城大學訪問研究、臺灣大學法學博士
- 陳鼓應　國立臺灣大學哲學研究所
- 曾永義　國家文學博士、中央研究院院士
- 黃光國　美國夏威夷大學社會心理學博士
- 黃光雄　國家教育學博士
- 黃昆輝　美國北科羅拉多州立大學博士
- 黃政傑　美國麥迪遜威斯康辛大學博士
- 楊維哲　美國普林斯頓大學數學博士
- 葉海煙　私立輔仁大學哲學研究所博士
- 葉國良　國立臺灣大學中文所博士
- 廖達琪　美國密西根大學政治學博士
- 劉滄龍　德國柏林洪堡大學哲學博士
- 黎建球　私立輔仁大學哲學研究所博士
- 盧美貴　國立臺灣師範大學教育學博士
- 薛化元　國立臺灣大學歷史學系博士
- 謝宗林　美國聖路易華盛頓大學經濟研究所博士候選人
- 簡成熙　國立高雄師範大學教育研究所博士
- 顏厥安　德國慕尼黑大學法學博士

經典名著文庫046

政治中的人性

Human Nature in Politics

格雷厄姆・華勒斯 著
(Graham Wallas)
朱曾汶 譯

經典永恆・名著常在

五十週年的獻禮・「經典名著文庫」出版緣起

總策劃 楊榮川

五南，五十年了。半個世紀，人生旅程的一大半，我們走過來了。不敢說有多大成就，至少沒有凋零。

五南忝爲學術出版的一員，在大專教材、學術專著、知識讀本出版已逾壹萬參仟種之後，面對著當今圖書界媚俗的追逐、淺碟化的內容以及碎片化的資訊圖景當中，我們思索著：邁向百年的未來歷程裡，我們能爲知識界、文化學術界做些什麼？在速食文化的生態下，有什麼值得讓人雋永品味的？

歷代經典・當今名著，經過時間的洗禮，千錘百鍊，流傳至今，光芒耀人；不僅使我們能領悟前人的智慧，同時也增深加廣我們思考的深度與視野。十九世紀唯意志論開創者叔本華，在其〈論閱讀和書籍〉文中指出：「對任何時代所謂的暢銷書要持謹慎的態度。」他覺得讀書應該精挑細選，把時間用來閱讀那些「古今中外的偉大人物的著作」，閱讀那些「站在人類之巔的著作及享受不朽聲譽的人們的作品」。閱讀就要「讀原著」，是他的體悟。他甚至認爲，閱讀經典原著，勝過於親炙教誨。他說：

「一個人的著作是這個人的思想菁華。所以，儘管一個人具有偉大的思想能力，但閱讀這個人的著作總會比與這個人的交往獲得更多的內容。就最重要的方面而言，閱讀這些著作的確可以取代，甚至遠遠超過與這個人的近身交往。」

爲什麼？原因正在於這些著作正是他思想的完整呈現，是他所有的思考、研究和學習的結果；而與這個人的交往卻是片斷的、支離的、隨機的。何況，想與之交談，如今時空，只能徒呼負負，空留神往而已。

三十歲就當芝加哥大學校長、四十六歲榮任名譽校長的赫欽斯（Robert M. Hutchins, 1899-1977），是力倡人文教育的大師。「教育要教眞理」，是其名言，強調「經典就是人文教育最佳的方式」。他認爲：

「西方學術思想傳遞下來的永恆學識，即那些不因時代變遷而有所減損其價值的古代經典及現代名著，乃是眞正的文化菁華所在。」

這些經典在一定程度上代表西方文明發展的軌跡，故而他爲大學擬訂了從柏拉圖的《理想國》，以至愛因斯坦的《相對論》，構成著名的「大學百本經典名著課程」。成爲大學通識教育課程的典範。

歷代經典．當今名著，超越了時空，價值永恆。五南跟業界一樣，過去已偶有引進，但都未系統化的完整舖陳。我們決心投入巨資，有計畫的系統梳選，成立「經典名著文庫」，希望收入古今中外思想性的、充滿睿智與獨見的經典、名著，包括：

- 歷經千百年的時間洗禮，依然耀明的著作。遠溯二千三百年前，亞里斯多德的《尼各馬科倫理學》、柏拉圖的《理想國》，還有奧古斯丁的《懺悔錄》。
- 聲震寰宇、澤流遐裔的著作。西方哲學不用說，東方哲學中，我國的孔孟、老莊哲學，古印度毗耶娑（Vyāsa）的《薄伽梵歌》、日本鈴木大拙的《禪與心理分析》，都不缺漏。
- 成就一家之言，獨領風騷之名著。諸如伽森狄（Pierre Gassendi）與笛卡兒論戰的《對笛卡兒沉思錄的詰難》、達爾文（Darwin）的《物種起源》、米塞斯（Mises）的《人的行爲》，以至當今印度獲得諾貝爾經濟學獎阿馬蒂亞．

森（Amartya Sen）的《貧困與饑荒》，及法國當代的哲學家及漢學家余蓮（François Jullien）的《功效論》。

梳選的書目已超過七百種，初期計劃首爲三百種。先從思想性的經典開始，漸次及於專業性的論著。「江山代有才人出，各領風騷數百年」，這是一項理想性的、永續性的巨大出版工程。不在意讀者的眾寡，只考慮它的學術價值，力求完整展現先哲思想的軌跡。雖然不符合商業經營模式的考量，但只要能爲知識界開啓一片智慧之窗，營造一座百花綻放的世界文明公園，任君遨遊、取菁吸蜜、嘉惠學子，於願足矣！

最後，要感謝學界的支持與熱心參與。擔任「學術評議」的專家，義務的提供建言；各書「導讀」的撰寫者，不計代價地導引讀者進入堂奧；而著譯者日以繼夜，伏案疾書，更是辛苦，感謝你們。也期待熱心文化傳承的智者參與耕耘，共同經營這座「世界文明公園」。如能得到廣大讀者的共鳴與滋潤，那麼經典永恆，名著常在。就不是夢想了！

二〇一七年八月一日 於

五南圖書出版公司

導讀——政治學是一門古老的學科，也是科學

台大政治系教授　陳思賢

西方政治學的歷史悠久，至少可從古希臘雅典時期算起，例如柏拉圖與亞理斯多德都有對於何謂理想城邦政治的系統性思考。古典時期之後，經過漫長的中世紀以迄於近代，政治學的研究一直都是在規範性的層面上進行著，理論家們解釋國家的起源、本質等問題，並構思如何可以打造一個理想社會。但是十九世紀社會學與經濟學的發展，使得「有關於社會的理論」（social theory）發展出不同的面貌，再也不是在抽象的原則或是概念上打轉，而是把具體的經驗事實作爲研究的對象與形成理論的材料。這種「實證」傾向，再加上生物學與心理學等「自然科學」或是「準自然科學」在方法論上的啓發，有著古老傳統的social theory於是變成了 social sciences。政治學的研究也就是在這樣的一股浪潮下開始翻轉成爲「準科學」，它變成一種「行爲科學」（behavioral science），著重於「經驗研究」與「實證性研究」，於是乎，最後在二十世紀中葉前後就誕生了所謂的「政治科學」（political science）。

關於政治學研究途徑上的這種重要轉變，在十九、二十世紀之交的那些年，是個關鍵時刻。因爲西方有一些學者，分別在哲學、心理學與教育學等領域對於人類行爲的研究作出了突破性的進展，他們發現人類的行爲是可以類型化與運用某些模式來解釋的，關鍵是我們要有足夠的個案數目與統計資訊，當我們形成若干假設後，就可以透過實驗去測試它們以便形成理論。以這個立場出發的社會心理學與行爲科學等知識進入政治學研究後，政治學就產生了「行爲主義革命」，意欲透過對於現象的「客觀」記錄、觀察與解釋，去瞭解人類的政治行爲與政治。出版於一九〇八，華勒斯（Graham Wallas）的《政治中的人性》就是這股「行爲主義革命」的先聲。

華勒斯是活躍於十九世紀末、二十世紀初英國的一位社會心理學家、左翼運動者與教育學者，一生致力於社會與教育改革，所著的書也大半與此相關，《政治中的人性》是他五十歲壯年時期的作品。在這本書中他要表達的只有一個主旨：政治學研究的方式應該改變，我們應該要科學地、如實地研究人性，以及這人性下所發出的行爲；研究人性及人的行爲需要實際的資料，因此要用量化研究取代過去質性的研究。所以本書反對我們對於人性作任何先驗的預設，不管是理性主義式（rationalist）的或是功效主義式（utilitarian）的。華勒斯認爲人在從事政治行爲時不一定都是理性的，也不一定都一味追求「效用」

（utility）的最大化。人會受到一些非理性因素的影響，例如衝動、感情、偏見、傳統、習慣或是意外事件等。政治學的研究，因此首先要追究出「實然」，而非受某些「應然」拘限了我們對現象的認定。

本書分爲兩部分，第一部分是關於政治研究方法的改變：「現代心理學向我們提供比傳統政治學更眞實與複雜的人性觀」；且「量化研究的出現，更能說明問題與準確地解答問題」。第二部分則是說明這種研究方法所帶來的新政治學知識，如何可以改善政治現狀：「這些正開始改變政治學的新傾向，在何種程度上也能作爲一種新的政治力量被人們所感知。」

在本書第一章的最開始，華勒斯就開宗明義地宣稱：「任何人想要重新檢查人性的作用當作本身政治思想的根據，必須先克服自身誇大人類理智的傾向。」所以在第一部分中，華勒斯企圖發現我們各種「政治衝動與作爲」（political impulses）的起因，與有效進行「政治思考」（political reasoning）的方式，他認爲當我們在這些方面的知識愈豐富時，就愈能改善政治行爲與政治制度。「衝動」就是我們從成長過程中被模塑或展現出的「本能」（instinct），這些「本能」未必皆是理性的，未必是深思熟慮的結果；它們是「從遺傳得來的機體，使我們傾向於以某種方式對某些刺激作出反應」，「這種衝動與任何預先對目的和手段的考慮毫無關係」，因此才被稱爲是「衝動」、「本能」。因此，華勒斯提醒我們務必注意這個重要的事實：「大多數人的大多數政治見解並非受經驗檢驗的推理結果，而是習慣所確定的無意識或半意識推理的結果。」而政治學作爲一門學科的宗旨，就在於最後能「喚醒」大家的「理性」，希望確保人類終究逐步朝向「發展」與「進步」的目標前進。

因此，社會心理學與政治心理學，乃是瞭解人類行爲的重要依據。「我們必須找到盡可能多的適當的與可測量的人性因素，同時必須努力使它們全都在政治推理中發揮作用。」我們應該採用生物學家的方式（也就是研究大量樣本中的共同特徵），蒐集下列三大類資訊：關於人的類型；這些類型的發展與變異情況；環境對人的性格、政治衝動與行爲的影響。政治心理學的研究就是要蒐集這三方面的實證資料，讓我們更清楚地知道人類在從事「政治行爲」時的各類事實。

我們在有了這些觀察資料後，就要運用「定量方法」（quantitative method）來「累積更多和更精確的詳細政治事實」，「所累積的詳細事實要用於政治推理，就必須從定量角度加以使用。」華勒斯的結論就是：我們從事政治思維時，必須從以往所習於的「質的論證形式」轉變到「量的論證形式」。但是他提醒我們，量的思維並不一定、甚至並不籠統地意味著按照統計數字來思考。數字並不是唯一的、總是代表各種量的事實的準確方法。「例如：一張相片有時可能比一行數字更接近量的眞實，更容易記住，更有利於論證和驗證。」也就是說，我們在進行政治推理時，要不斷地提供鮮明的「事實」與「證據」，而不是像早先的人一般，很容易流於依賴先驗、主觀的價值信念或判斷。

在本書第二部分中，華勒斯作出了有趣的陳述，就是告訴我們這種新的政治學知識可以如何有助於實際的政治發展。他分成四個方面來談，分別是政治道德、代議政體、文官制度與世界和平等。關於政治道德，他認爲下一代的公民精神與愛國情操是可以透過教育而培訓出來的，我們只要找到適當的人與用對的方法，就可以把這些價值成功地散布於兒童的腦海中，就像當初的「科學」這種東西普遍被大家承認與接受一般。

至於代議政體與民主，華勒斯強調新的政治知識必然可以爲我們的政治體制帶來好的變化，而正確的思考方法更可以爲民主制度的基本宗旨——人民的同意（consent）——打下穩固的基礎。成功的民主是寄託於公民們「代代自覺地進行有組織的思考」，而在實踐上，各項制度的設計者「必須具備尋求眞理的精神，既要評估每個公民的政治力量在一定時期內能被道德和教育的變化增強到什麼程度，也要評估在民主結構中維持、擴大或發明那些能防止對公民過高要求的辦法的可能性。」換句話說，政治科學與行爲研究的知識確實是可以支撐民主這種政治理想的實踐。

關於文官制度的問題，華勒斯更是明確地指出，它是輔助民主成功的不可或缺一環。文官制度的改革，從甄拔到訓練與課責，都需要一套「行爲科學的準則」，而不能受到往昔那種人情主義與拉幫結派的裙帶利益關係來操控。這點在百年後的今天是特別明顯的事實，因爲當今行政學內人事行政這個領域早就充滿了各種行爲科學與管理科學的知識，在在都是爲了要打造一個良好的文官體系，用以服務民主政治下整個國家的各類施政。他特別誇讚，在一八七〇年，全英國的文官系統開始實施公開招考遴選，也根據績效評比決定升遷獎懲，是一個里程碑，後來也被各國所仿效。

本書最後談到的行爲科學對於世界和平展望的貢獻，其理想性的確令人動容。作者坦誠地批判了社會達爾文主義與白種人帝國主義，認爲這些都來自於「自我主義的感情」與理性被狹隘的想法——例如「白種人的負擔」——所禁錮。他舉例道，「在古代世界，希臘文化傳布最迅速的時期是在希臘帝國覆滅之後；當代日本作爲一個獨立國家接受西方文化，要比作爲俄國或法國的屬國更容易；印度今天向日本學習的可能性恐怕大於向英國學習。」在此點上，他的追求「種族平等、世界和平」的結論誠令人印象深刻：「固然一直有人批評『世界一家』是空幻不實際的理想，但是只要意識到人類的一個共同目標，或甚至承認這樣一個共同目標是可能的，世界政治的面貌將立即改變。」

其實我們覺得本書最難能可貴的地方在於，早在一九〇八年時華勒斯就準確地預測了未來世界政治與政治學發展的方向。人類終將持續地圖謀以「理性」引領政治學與政治：在前者，「政治科學」變成政治學的最通用名稱，而「理性選擇」、「數量方法」，與「賽局理論」往往成爲政治系學生的必修課程；關於後者，冷戰的化解、軍備限制與裁武、區域安全組織與國際和平機制的紛紛建立，都指向了人類企圖想要擺脫過去用「情感」與「本能」來從事政治的傾向，盡可能用踏實理性的「科學方法」來實現「發展」與「和平」。於今回顧起來，不論東方或西方，政治學一直是人類有著最古老歷史的知識之一，而二十世紀初時華勒斯先生《政治中的人性》這本書，它的歷史地位卻常被無意地忽略了。理由何在？很可以瞭解，因爲它是一個方向與方法論上的呼籲與預測，而不是實際「政治科學」上著名的研究案例[1]，因此桂冠由後者戴上了。

【1】例如Walter Lippmann, *Public Opinion*，Almond and Verba, *The Civic Culture*等書。

序

我向幾位好心閱讀本書校樣，並給我提出勘誤和意見的朋友表示謝意。其中我特別要提到約翰·亞當斯教授（Professor John Adams）、J. H. 米爾黑德教授（Professor J. H. Muirhead）、A. 沃爾夫博士（Dr. A. Wolf）以及W. H. 溫奇（W. H. Winch）、悉尼·韋伯（Sidney Webb）、L. 皮爾索爾·史密斯（L. Pearsall Smith）和A. E. 齊默恩（A. E. Zimmern）等先生。正是因爲他們，我要補充說明，書中有些他們的見解仍予以保留，對於這些見解，他們會希望刪減或以另一種方式表達。

我已盡力在註解中標明著作曾被我引用的諸位作者。但在這裡我要對威廉·詹姆斯教授（Professor William James）的《心理學原理》（*Principles of Psychology*）特別表示感謝。多年前，此書曾使我冀望從心理學的角度來思考我作爲政治人與教師的工作。

經常有人要求我推薦一份關於政治心理學（psychology of politics）的書目。我認爲，在該門科學的現階段，政治人物根據其切身經驗閱讀那些不專門涉足政治的心理學論文獲得的好處，要勝於從閱讀實用政治心理學文獻。然而，非政治人的讀者將發現，已故G. 塔德先生（Mr. G. Tarde）的著作，尤其是《輿論和民眾》（*L'Opinion et la Foule*）和《模仿的規則》（*Les Lois de l'Imitation*）兩書以及一九〇八年七月號《社會學評論》（*Sociological Review*）所載W. 特羅特先生（Mr. W. Trotter）〈群居本能〉（*Herd Instinct*）一文中引用的書詳盡論述了一些要點。芝加哥的簡・亞當斯小姐（Miss Jane Addams）在《民主和社會倫理》（*Democracy and Social Ethics*）中以獨特和引人注目的觀點研究了城市中低收入戶的政治心理學。

格雷厄姆・華勒斯

再版序

我對本書初版幾乎未做任何更動，只改正了少數詞句上的錯誤。過去十八個月內英國議會、土耳其、波斯、印度和德國發生的重大政治事件，並沒有改變我對現代政體產生的心理問題所作的結論。要用「嶄新」的例子來代替我從一九〇七和一九〇八年的時事中汲取的例子，就必須大量改寫，這不僅不可能，也沒有必要。除了初版所推薦的書以外，這裡我還要加上W. 麥獨孤先生（Mr. W. M'Dougall）的《社會心理學》（*Social Psychology*），特別是他對「本能」（Instinct）所作的分析。

格雷厄姆·華勒斯
一九〇九年十二月三十日
於倫敦經濟和政治學院

導言

政治學的研究，目前（一九〇八年）正處於令人非常不滿的狀態。

乍看起來，關於最佳政體的大論戰似乎已經解決，代議民主政體高奏凱歌。四十年前，把一個大現代國家的主權置於普選（universal suffrage）基礎之上——至少在歐洲——仍然可被說成是一個從未成功進行過的試驗。確實，英國憑藉一八六七年的「冒險行動」（leap in the dark）[1]，成了當時唯一一個實行民主和代議政體的歐洲大國。但今天，一個以普選爲基礎的議會共和政體存在於法國，沒有遭到重大的反對或抗議。義大利享有顯然十分穩固的君主立憲制。奧地利剛宣布實行普選。就連德皇在一九〇七年選舉後也自稱是一場普選運動勝利的領導者，而不是神權的繼承者。絕大多數俄國人強烈地希望有一個擁有最高權力的議會，而反動的下議會發現自己不斷被推向那個局面。最信奉教皇至上主義

[1] 指一八六七年英國第二個選舉法修正案通過。——譯註

的羅馬天主教徒要求給教皇管理教會財產的世俗權力，不再是作爲理想的世界政府體系，而是作爲在區區數平方英里義大利領土內爲一個教會的領導人爭取行動自由的應急手段，這個教會幾乎全體成員自始至終都是各立憲國家的選民。沒有一個與十九世紀的共產主義運動和無政府主義運動相關的非代議民主制的建議曾獲得認同，也未能以明確的建設性綱領的姿態出現；而今天，幾乎所有那些希望借助社會變革使現代科學工業成果分配得更公平的人，都對勞工階級的選舉活動寄予希望。

然而，就在那些最全心全意地接受代議民主的國家裡，政治人和政治研究者們似乎對他們的親身體驗迷惑不解、大失所望。美國在這方面進行了最持久的試驗。他們的憲法已存在一又四分之一個世紀，儘管對憲法細節的不同解釋曾引起爭議甚至戰爭，但憲法的原則幾乎始終沒有受到挑戰。但就一個英國觀察者所能判斷的，沒有一個美國人對在聯邦、州和市的政治中還在不斷增強力量的選舉「機器」感到滿意。

在英國，不僅我們對代議民主的經驗遠遠不及美國，我們的政治傳統也傾向於使民主觀念甚至在民主體制的運行下也遲遲得不到充分認可。然而，即便具體情況不同，英國最忠誠的民主主義者（如果他們與選舉組織的細微末節有密切關係）同樣顯示出一種在美國已變得更爲明顯的失望情緒。我曾協助多次議會選舉，也曾在一連五次倫敦市議會選舉中

當過候選人。在上次競選中，我聽到我的兩位助選員在談論當天的工作時不約而同說了一句：「這事情眞怪。」我在英國聽到不少職業政治代理人說過同樣的話，而這些人的效率卻取決於他們實事求是地看待選舉，不抱任何幻想。我對德國或義大利的競選活動沒有親身體會，但是一年前當我和巴黎市議會的議員們談話時，我從他們當中的某些人身上彷彿看到對民主選舉制度的運行有幻想破滅的跡象。

在英、美，人們還有這樣一種感覺，似乎產生最傷腦筋問題的是社會的新生力量，而不是腐朽力量。在美國，選舉「機器」表現得最惡劣是在那些其人口、財富和能量代表著其餘美國文明顯然正在追求的目標的新興大城市裡。在英國，對任何一個目光遠大的人來說，老漁港猖獗的賄賂，或大城市的傳統和爲數可觀的貪汙，似乎都是些比較小和容易對付的弊端。更令人嚴重不安的是富豪和企業的新花招、現代化的報紙、支配鉅額工業資本積累的人的權力和手腕以及勞工有組織的政治熱情。這些勞工念過小學，居住在方圓數百英里的嶄新、衛生、相似的郊區街道上。每過幾年，就發明一種新的政治方法，這種方法如果行之有效，兩黨就都予以採用。政治就像踢足球，流行的戰術不是制定規則的人期望的那些，而是球員發現能賴以取勝的那些，而人們隱約感覺到，他們的黨最可能賴以獲勝的權宜手段，並不能把國家治理得最好。

更重要的是一種恐懼心理（往往表現在政治中發生新問題之際），惟恐現行選舉制度承受不住強化的社會衝突的壓力。英國人討論關稅問題、美國人討論資本集中問題，或德國人討論社會民主問題，使用的論據不少都含有這種心理。人們說，只要不發生那些促使擁有財富和工業權力的人充分利用他們機會的問題，普選就能運行得相當順利。但是，如果哪一個現代國家的富人們認爲，爲了保證一項稅率，或使一個托拉斯合法化，或反對一項沒收性稅徵，值得將他們三分之一的收入捐獻給一項政治獻金，那麼，任何一種已制定的「懲治貪汙法」都休想阻止他們花這筆錢。如果他們要這樣做，還得學許多能力，但他們製造情緒和輿論的能力已達到登峰造極的地步，以致整個政治較量的狀況今後將爲之改觀。任何一個現有的政黨，除非大大增加其資產，或找到其他新的政治力量來源，否則都難保永遠立於不敗之地。

不過，以選舉純潔的名義呼籲貿易保護主義者、托拉斯提倡者，以及社會主義者放棄他們的各種運動，把政治局限在一些比較不刺激的問題上——這種呼籲自然被充耳不聞。

還有，將選舉權授予婦女的建議遭到不清楚自身智力狀態的政客們所遲疑與規避。一個正在就民主的各項原則發表宏論的候選人，在受到詰問時，覺得很難想出一個理由爲繼續剝奪婦女的選舉權辯護。正因爲如此，在一九〇六年大選中，兩大黨獲勝的候選人都發誓要支持婦女選舉權。但是，當我撰寫本書時，發誓的人當中有不少，可能是大多數，似乎正在竭力避免履行誓言。沒有理由認為他們這些人極端不老實，他們對於這些決定可能產生的顧慮顯然是真誠的。他們知道男女之間存在著某些差異，雖然他們並不明白這些差異是什麼，也不懂它們與選舉權有怎樣的關聯。但他們的疑慮甚至比誓言更加不牢固。在不久的將來，問題可能因一方堅決要求，另一方順水推舟而了結。[2]

這種對於明確政治論爭中被當作業已解決的問題的未決感，由於種族問題日益緊迫而加重。十八世紀和十九世紀初期，歐美的民主運動是由一些只為歐洲種族著想的人進行的。但是，一八七〇年後，民主不斷擴張，世界列強幾乎都致力於掠奪熱帶屬地，交通工具的改進使世界上所有的種族交往日益密切。人們發覺，至高無上的選舉權實際上只屬於一些起源於歐洲的民族（只有為數甚少的例外）。但是，代議原則的形式或歷史似乎無法證明這種狀況是正確的，也提不出任何方式來代替選舉以作為政府的基礎。老百姓也無法從民主國家給或不給非歐洲國民選舉權這一實踐中得出順理成章的結論。例如：美國已悄

[2] 英國在一九一八年之後才陸續解除對婦女選舉權的限制。——編按

悄地、幾乎一致同意地放棄了黑人選舉權的試驗。在這件事上，由於西非黑人與北歐和西歐白人之間智力相差懸殊，問題是比較簡單的，但至今還沒有認眞去謀求新解決辦法。美國人在處理中國、日本和斯拉夫移民所引起的或統治菲律賓多種民族所產生的更微妙的種族問題時，顯然大傷腦筋，左右爲難。

英國及其殖民地在非白種移民和占領熱帶屬地所產生的政治問題面前，同樣顯得舉棋不定。甚至當我們討論亞洲各獨立國家的政治前途時，例如：「無代表權不納稅」（no taxation without representation）的原則是否適用於他們，我們也不清楚。我們自己作爲亞洲霸主的地位在很大程度上取決於中國和波斯的發展，這兩個國家的人民在某些方面可自稱比我們聰明。當他們採用我們的工程、機械或軍隊體制時，我們深信他們是在爲自己做一件好事，儘管我們可能會擔心他們在貿易或軍事上與我們對抗。但是，現在沒有一個邊沁（Bentham）的信徒急於把我們在政治體制方面的最新發明輸出供亞洲國家普遍使用。我們聽說波斯人已經成立了議會，正密切關注著他們的試驗的發展，而對它可能產生的結果則完全不做判斷。我們幫助日本人維護他們作爲一個立憲國家的獨立，大多數英國人也隱隱地對中國進步分子爭取民族獨立和內部改良的願望表示同情。然而，一個中國人問他是否應該投身於爭取一個歐洲式議會的運動時，我們當中卻幾乎沒有人願意給他明確的忠告。

在我們自己的帝國內部，這種對我們政治原則極限的不確定性隨時都會產生實際的災難。例如：在非洲，居住在我們領地上的歐洲人與非歐洲人如卡非人（Kaffirs）、黑人、印度人、科普特人（Copts）或阿拉伯人之間的政治關係是按照與納塔爾、巴蘇托蘭（Basutoland）（今賴索托）、埃及或東非完全不同的方式處理的。在每一種情況下，體制上的差別不是由於當地問題的性質，而是由於歷史的偶然。隨時隨地都可能因歐洲人侵犯英國政府保留給非歐洲人的權利，或因非歐洲人反抗而出亂子。黑人和白人都因爲奈洛比實施一條法律，德班實施另一條法律而惱火。

當然，這種情況就印度來說最爲危險。在二、三個世代內，一位普通的英國自由黨人對印度政治遲遲不做決定，因爲他認爲我們是在教印度人進行自治，到時候他們都會投票贊成建立印度議會。現在，他已逐漸懂得，印度有許多種族，那些種族本身之間的一些最重要的差別，以及每一個種族與我們自己之間的差別，都不是教育所能消除的。他所尊敬的人告訴他，這個事實使得適合英國的代議制絕對不適合印度，因此他只好繼續戰戰兢兢地爲三億人的永久專制統治負責，時不時記起這些人或他們的鄰人中的一些人可能有比他自己明確得多的政治觀，他最後也許必須爲一個他一點都不希望維繫的政權努力。

與此同時，印度問題的存在使英國自由黨人半自覺地放鬆了對國內問題採民主原則的掌握。報紙、雜誌和輪船不斷使印度對他變得更爲眞實；要不是他默認了不給拉其普特人、孟加拉人和印度祆教徒選舉權的決定，那他對於波蘭移民或倫敦「住旅館」（latch-key）選民應該有選舉權的信念就會更加堅定明確。

當然，我們不能指望講究實際的政治人們僅因一種不安感，覺得競爭的規則需要重申，甚至需要重訂，就在運動中停頓下來。但是，競選的勝負不會耗盡一個國家的政治責任，可能從未有一刻像現在這樣更迫切地需要把各項政治原則公正地予以檢查。迄今爲止，促進政治思考的主要動力是戰爭和革命，是希臘城邦反對波斯人的努力以及城邦內部爭奪霸權的災難性抗爭，或是十六世紀和十七世紀的宗教戰爭以及十八世紀的美國獨立戰爭與法國革命。然而，到目前爲止，當代歐洲突出的社會事件是各項偉大運動的失敗而非勝利：俄國由於改良者當中根深蒂固的知識分子的傾軋以及現代化武器和交通工具，使暴虐腐敗的政府也能占有軍事優勢而明顯地使熱誠和勇氣付諸流水；德國社會民主黨人被宗教和愛國主義的勢力以及他們自己的信條挫敗；美國接連出現的民主浪潮在資本掌握的政治力量下顯得軟弱無力。

但是，失敗和困惑可能像最成功的革命一樣要求人們嚴肅思考，這種要求目前在許多方面得到滿足。政治經驗以前所未有的嚴密性和精確性被記錄下來並加以研究。以往的政治行爲史不再交給學者關起門來研究，而是成爲有組織的、分工精細的課題。當前許多新的政治發展，如澳大利亞聯邦、瑞士的公民投票、德國的公共財政、英美的政黨制度，以及其他無數事例，都在發行於全球各大學的專門論著和技術性雜誌中不斷獲得記錄、討論和比較。

對一個一、二百年前的政治思想家來說，現在唯一缺少的一種研究方式，是按照政治與人性的關係來研究政治。過去的思想家，從柏拉圖（Plato）、邊沁到彌爾（Mill），都對人性有獨到的看法，並把那些看法作爲思考政治的基礎。但是，現代的政治學論文，無論探討制度或財政，沒有一篇具有像邊沁的《道德與立法原則》（*Principles of Morals and Legislation*）那樣的開場白：「大自然把人類置於痛苦和快樂兩位主宰的統治之下」，也沒有一篇具有像納索．西尼爾（Nassau Senior）的《政治經濟學》（*Political Economy*）那樣的「首要前提」：「人人都想以盡可能少的犧牲獲得更多的財富。」在大多數作品裡，人們甚至無從得知作者是否有意識地擁有任何人性觀。

要懂得這種情況如何發生，是很容易的。政治學過於自信的專業在十九世紀上葉遭到公認的失敗以後，剛開始恢復一些威信。邊沁的功利主義在取代天賦人權和法學家的盲目傳統，成爲全歐洲無數法制改革和體制改革的基礎以後，由於普通老百姓不相信快樂和痛苦是人類動機的唯一泉源而夭折了。大學和報紙的「古典」政治經濟學以及麥卡洛克（MacCulloch）、西尼爾和惠特利大主教（Archbishop Whately）的政治經濟學企圖從人性的「少數簡單原則」（few simple principles）推斷整個工業體制，其下場甚至更慘。它被等同於維多利亞女王（Queen Victoria）統治前半期富人們企圖賴以使勞動人民相信生活中好事物分配的任何變動「在科學上俱屬不可能」的淺薄教條主義。馬克思、拉斯金（Ruskin）和卡萊爾（Carlyle）[3]善於諷刺挖苦，他們用來使報紙漸次放棄「政治經濟法則」（law of political economy）（這些法則從一八一五至一八七〇年像大腹便便的警察那樣屹立著保護地租和利潤）的方法，至今尚未被人們忘懷。

正當反對「政治經濟學」的運動進行得熱火朝天時，達爾文的《物種起源》（*Origin of Species*）展現了一個世界，其中那「少數簡單原則」似乎有點荒唐，迄今還沒有任何東西能取代它們。確實，赫伯特．斯賓塞（Herbert Spencer）先生企圖把他從生物進化史倉促得出的結論變成他本人的一門完整的社會學，並宣揚一種「仁慈的私人戰爭」（beneficent private war）[4]，把這場戰爭完全等同於一八八四年在英國地方商家中流行的那種程度的商業競爭。斯賓塞先生甚至沒有獲得報紙全盤的支持；但是就他的理論被廣爲流傳來說，它有助於進一步使任何將政治學與人性研究相結合的企圖聲名掃地。

因此，目前幾乎所有研究政治的人都傾向分析體制，而避免分析人。誠然，自從人類進化學說創始以來，心理學家研究人性的工作有了巨大的進展，但是這個進展過程並沒有影響政治研究，也沒有受政治研究的影響。現代的心理學教科書充滿了無數從家庭、學校、醫院以及心理實驗室汲取的例證，但是對政治幾乎隻字不提。確實，新興的社會學教授正開始不僅按照人性與家庭、宗教和工業的關係，而且還按照人性與某些政治制度的關係來研究人性。然而，社會學對政治學的影響至今仍微乎其微。

我個人認爲，這種把政治研究和人性研究切割的傾向只是思想史上一個短暫的階段，在這個階段延續期間，它對政治學以及政治行爲的影響很可能是有害的，已經有跡象表明這個階段行將結束。

常有人說，如果工作要做得澈底，道德科學必須像自然科學一樣有分工。但是這種分

【3】卡萊爾（一七九五—一八八一）：英國作家、評論家、歷史學家。——譯註

【4】《人對國家》（*Man versus the State*）（一八八四）第六十九頁：「仁慈的私人戰爭使一個人能透過攀越另一個人的肩膀而獲得成功。」

工事實上是辦不到的。政治研究者必然會有意識或無意識地形成一種人性觀，自覺性愈差，愈可能被這種觀念所支配。如果他本人有豐富的政治生活經驗，他無意識的假設可能是有用的；如果沒有，那它們肯定會使人誤入歧途。例如：羅斯福先生（Mr. Roosevelt）論《美國人的理想》（*American Ideals*）這本書是有用的，因爲當他考慮到政治中的人時，他考慮的是他所熟知的政治人。讀過這本書的人會發覺美國大學教授們所寫的許多更系統地論述政治的書是無用的，就因爲作者們談論的是些抽象的人，這些人是按照他們所覺察不到的、從未以經驗或研究核實過的假設所形成的。

在涉及人的行爲的其他學科中，研究所做之事與研究做該事之人間是沒有區別的。在犯罪學方面，比加利亞（Beccaria）和邊沁早就指出，那種把罪行的分類和對犯人的研究切割的法理學是多麼危險。他們所掌握的人性觀已被進化心理學取代，但是諸如龍布羅梭（Lombroso）這樣的現代思想家已把新的心理學用來爲一種新穎且富有成效的犯罪學服務。

還有在教育學方面，洛克（Locke）、盧梭（Rousseau）、赫爾巴特（Herbert）以及博學多才的邊沁都把他們的教育理論建立在人性觀之上。這些觀念和作爲他們的政治理論基礎的概念是一樣的，而且都受現代知識的影響。在短短一個時期內，就連英國師範學院的教師們也打算像在政治中一樣把研究人的體制和研究人性區分開來。在這個時期間，教學方法的講授與教育理論的講授各行其是。前者僅成爲最佳學校的組織和教學的敘述和比較，後者則是康門紐斯（Comenius）、洛克或盧梭等經典作家的解說，偶爾也穿插些評論和批評；它們酷似那些關於亞里斯多德（Aristotle）、霍布斯（Hobbes）、洛克和盧梭的非正式談話，這些談話被冠以政治理論的名義，在我當年於牛津大學攻讀古典文學時構成了一個非常有趣的插曲。但是，雖然牛津講座依然故我，師範學院關於教育理論的講授卻開始發生變化，和醫科學生培養中發生的變化一樣巨大：解剖學教師們不再講解權威人士的經典著作，而是開始自己負起責任，最充分地說明他們所掌握的有關人體構造的細節。

這個變化的原因顯然是：牛津大學的政治理論講師往往不是政治人，師範學院的教學理論講師卻無一不是教師。對他們來說，任何新知識能否有助於他們的工作是個至關重要的問題。因此，人們發現，在威廉·詹姆斯（William James）、洛伊德·摩根（Lloyd Morgan）和斯坦利·霍爾（Stanley Hall）等教授的領導下，一門進步的教育科學正在蓬勃發展：它一方面研究各種類型的學校組織和方法；一方面刻意從專門實驗、內省以及其他學科瞭解學子的眞實情況。

以現代心理學爲基礎的現代教育學已經對受過專業訓練的學校教師發生影響。教育學的事例逐年增加，它嘗試避免在沉悶的授課上浪費時間，使數以千計的教師對工作有了新的認識，並使千千萬萬的學子增進了知識和快樂。

我寫本書是爲了說明：政治學界的相應改變是可能的。在龐大的大學人員隊伍裡，一批數量不斷增加的政治學教授和政治研究者孜孜不倦地埋頭工作。我不由地想到，隨著歲月的流逝，他們當中更多的人將會求助於那種作爲道德科學老盟友的對人的研究。在每一個大城市中，許多人因希望獲得比目前的政治論戰更令人滿意的成就而在晚上聚會。他們擁有非正規的領袖和老師，在這些人身上，可知他們對提供替代方案的不耐，這些方案不是單純將現行各種機制做比較，就是奢談社會主義或個人主義、民主主義或貴族主義是否適合人，而人的天性則被認爲理所當然。

如果拙作爲任何官方或非官方的思想家所閱讀，我將極力主張：對政治中的人性的研究工作如果由許多飽學之士通力進行，不僅會加深和拓寬我們對政治體制的識見，而且還會打開一個未被發掘過的政治創造力的寶庫。

目次

第二部分　進步的希望

第一部分　問題的狀況

第一章　政治中的衝動和本能

任何人想重新檢查人性的作用當作本身政治思想的根據，必須先克服自身誇大人類理智的傾向。

我們往往認爲人的每一個行爲都是理智作用的結果，人憑藉理智首先考慮他期望的某個目的，然後再估計據以達到那個目的的手段。比方說，一個投資者期望的是絕對安全外加百分之五的利潤。他用一個小時認眞研究股票走勢表，最後斷定購買酒廠債券能使他最充分地實現他的願望。鑑於他冀求絕對安全的固有願望，他購買債券的行爲似乎是他推理的必然結果。安全的願望本身似乎可進一步看成僅只是對滿足全人類所共有的對「幸福」、自身「利益」或諸如此類的普遍願望的手段的一個理智推斷。滿足這種普遍願望可以被當作人生的最高「目的」，我們的所有行爲和衝動，無論大小，都來自於同一個理智作用，猶如從一個論點的前提得出結論。

這種思考方法有時被稱爲「常識」（common sense）。它應用於政治的一個良好例子，可見於一八二九年三月號《愛丁堡評論》（*Edinburg Review*）中麥考利（Macaulay）對邊沁功利主義信徒的著名抨擊中的一段話。奇怪的是，這個政治奠基於教條主義心理學的極端例子，竟是旨在說明「絕對不可能從人性原則推斷政治學」的論點的一部分。麥考利問道：「哪一個關於人性的命題是絕對和普遍正確的？我們只知道一個：它不但正確，而且完全相同——即人總是根據自身的利益行事……當我們看到一個人的行爲時，我們必然知道他認爲他的利益是什麼。」麥考利自以爲是徹頭徹尾反對邊沁的，但卻無意識地採用和誇大了邊沁及十八世紀和十九世紀初多數哲學家所共有的假設——所有動機都來源於某一預先設想的目的。

如果逼他一下，麥考利也許會承認，在有些情況下，人的行爲和衝動是與任何達到目的的想法無關的。如果我眼裡進了一粒沙子，請人家用手帕角把它擦掉，當手帕接近的時候，我總是會閉上眼睛，而且總是有一種強烈的衝動要這麼做。誰都不會以爲我閉上眼睛是因爲我經過鄭重考慮後，認爲這樣做符合我的利益。多數人臨陣脫逃、墜入情網或去閒談天氣，也不是爲了達到某一個預先想好的目的。確實，如果用攝影機和留聲機在一個人不覺察的情況下把他在普通一天中的言語舉動統統錄製下來，第二天當著他的面播放，他會驚奇地發現幾乎沒有什麼言語舉動是蓄意謀求達到目的的手段所造成的結果。當然，他會發現他的不少舉動是在習慣的影響下半自覺地重複原來更充分自覺的動作。但是，即使把所有習慣行爲都去掉，他們會發現餘下的只有極小部分可以解釋成是理智評估的直接結果。如果另外把他的那些未導致行爲的衝動和感情也記錄下來，就可以看出它們與那些已導致行爲的衝動和感情是一樣的，它們當中絕少含有麥考利認爲理所當然的那種理智作用。

如果當時再逼麥考利一下，他也許會承認，即使一個行爲預先對目的和手段進行了評估，也並非是那種評估的必然結果。即使我們知道一個人認爲做什麼對他有利，我們也不能肯定地知道他將會做什麼。研究股票交易所所有上市股票的人，除了對這件事的理智推斷以外，還有一種寫信給他的股票經紀人的衝動，除非這種衝動強烈得壓倒另一種把事情擱到明天再說的衝動，否則他是不會把股票買下來的。

麥考利甚至可能進一步承認，評估這一心智行爲，其本身來源於或伴隨著一種分析的衝動，這種衝動與任何預先對目的和手段的考慮毫無關係，而且從半自覺地服從一系列空想，直至強行使疲乏的頭腦去進行精確思考這一艱難任務，這之中可能有許多變數。

心理學教科書如今告誡每一個學生要慎防我引用的麥考利那段話所說明的「唯理智論」（intellectualist）謬誤。如今人們一致認爲，衝動有一段特有的進化史，比被藉以指引和限制的那些理智作用的歷史來得悠久。我們從遺傳得來的機體使我們傾向於以某種方式對某些刺激作出反應，因爲這些反應過去對維護我們的物種起過作用。其中有些反應我們明確地稱之爲「本能」，亦即對某些確切的行爲或一系列行爲的衝動，對行爲可能產生的結果事先並不自覺地加以考慮。[1]那些本能往往是無意識的、不自覺的。有時候，就人類

和其他高等動物而言，是有意識的、自覺的。但是，它們所顯示的手段和目的之間的關係不是行爲者苦思冥想的結果，而是以往許多行爲傾向中「適者生存」（fittest）的結果。確實，有些本能在顯然無用的情況下還是保留了下來，比方一隻狗在地毯上臥倒之前先轉圈子把「草」弄平；又比方一名傷寒病患者在康復期間明知危險還渴望吃固態食物。

衝動不總是有意識的先見的結果，這一事實最清楚地見之於兒童。一個嬰兒最初的吮吸或抓握的衝動顯然是「本能」的。但是，即使在無意識或無記憶的嬰兒期被有意識的幼兒期取代以後，當孩子看到一個無害的陌生人時，還是會飛奔到他的媽媽跟前，把臉藏在她的衣裙裡。再長大些，他會虐待小動物，躲避大動物，或者偷果子、爬樹——儘管並沒有人教他這樣做；儘管他可能因此而吃苦頭。

我們通常認爲「本能」包含許多獨立的意向，每一個意向針對某一獨特的行爲或一系列行爲。但是，即便在非人類的動物之間，也沒有理由認爲所有遺傳而來的衝動可以這樣劃分。衝動的進化史必然是非常複雜的。一種由於產生一個結果而存續的衝動可能因爲產

【1】威廉．詹姆斯，《心理學原理》第二卷，第三八三頁：「本能通常被定義為如此行動以產生某些結果，這些結果未曾被預見，也未受過相關教育。」

生另一種結果而經過修正後繼續存在；借助針對各種具體行爲的衝動，我們能從動物身上發現許多含糊而籠統的傾向，它們往往交錯重疊，互相矛盾，如好奇和膽怯、同情和殘忍、模仿和焦慮不安地活動。因此，巴爾福[2]先生（Mr. Balfour）說我們要麼證明，例如：尋求科學眞理的願望是教我們「搏鬥、吃飯和撫養子女」等特殊本能中的一種所遺傳下來的；要麼承認《小要理問答集》（*The Shorter Catechism*）[3]的超自然權威[4]，他的這個巧妙的雙關論法其實是多此一舉，可以避免的。

然而，我們不少衝動的先理性特徵（pre-rational character）是被下述事實掩蓋了的：在每個人的一生中，這些衝動日益爲記憶、習慣和思想所改變，甚至非人類的動物也能透過模仿或特有經驗養成的習慣來改變它們繼承下來的衝動。例如：當電報線最初架設的時候，許多鳥兒直奔其上而送掉性命。儘管送掉性命的鳥數顯然不足以使鳥的生物遺傳發生變化，現在已絕少再有鳥兒沖著電線飛。小鳥必然模仿已學會避開電線的老鳥；正如許多食肉動物的幼崽據說已從牠們父母那裡學會不少作爲經驗產物的方式和預防措施，然後自己模仿改進，再傳給下一代。

再者，在人和其他動物發育的某一個關頭，會出現許多直接遺傳的衝動，這些衝動如果被抑制就消亡；如果未被抑制，就形成習慣；而一些原本強烈而有用的衝動，可能不再

有益於維護生命，就會像鯨魚的腿或人的牙齒和毛髮一樣，由於生理退化而弱化。這種暫時的或弱化了的衝動特別容易轉移給新的客體，或者爲經驗和思想所改變。

中小學教師必須應付這些複雜的事實。在麥考利時代，教師往往受他的「常識」引導，把整個應付過程理智化。對於受古老衝動驅使做小動作、逃學、追逐貓或者學老師怪樣的倒楣男生們來說，教師總是以懲罰相逼，責問他們「爲什麼」這樣做。學生們由於不懂得自身的進化史，只好編造一些稀奇古怪的謊言，並因此而受到懲罰。今天，訓練有素的教師把這些衝動的存在看作一件正常的事，並決定在某種情況下應如何依靠形成課堂紀律的半自覺模仿來抑制這些衝動；在另一種情況下，又如何透過激發自覺認知行爲及其後果間的道德或懲罰關係來抑制衝動。總之，教師控制本能衝動的力量在於認識這種衝動的

【2】巴爾福（一八四八—一九三〇），英國首相、保守黨領袖。——譯註

【3】《小要理問答集》，繁體中譯本有改革宗教翻譯社出版之《西敏小要理問答——註解與經文根據》。——編按

【4】巴爾福：《新物質原理》（*New Theory of Matter*），一九〇四年版，第二十一頁：「就自然科學所能告訴我們的來說，每一種無助於我們搏鬥、吃飯和撫養子女的意念或理智特質，都不過是有助於我們搏鬥、吃飯和撫養子女的意念或理智特質的副產品。」

非理性起源。他甚至能把這種認知擴大到自己的衝動，並克服這樣一個信念：他在七月份下午上課時心情煩躁乃是對付一批頑劣至極的男生必須特別嚴厲的理智推論的結果。

然而，政治家還是容易像五十年前的教師那樣把衝動澈底理智化。他有兩個藉口：第一，與之交往的全都是成人，成人的衝動受經驗和思想改變之深遠超過孩童；第二，任何一個思考政治的人，都把他的思考限制於那些最具自覺意圖而首先進入他大腦的政治行爲和衝動，要不這樣限制是極其困難的。但是，政治家所思考的是大集體內的人，正是在預測大集體的行爲時，唯理智謬見最容易使人誤解。經驗和思考的結果往往限制於個體或小團體，這些結果如果不一致，政治力量就會互相抵銷。原始衝動是全人類都相同的（個人則有所不同），其重要性隨著受影響的人數的增加而增加。

因此，也許值得敘述一下某些較明顯或較重要的政治衝動：始終要謹記，在政治中，我們應付的不是在兒童和動物身上見到的那些明確、不相連的衝動，而是一些常常被人類進化所削弱、更經常地被轉變爲新用途、不是單獨，而是共同或相抗地起作用的意向。

例如：亞里斯多德說：「感情」（或「友情」，因爲希臘文友誼*φcλia*的意義介乎兩個詞彙之間）、「使政治聯盟成爲可能」、「立法者把感情看得比正義還重」。他說，感情是同類動物間，特別是人之間的一種遺傳本能。如果我們要尋找這種最簡單形式的政治感情，可以從我們對任何一個其人格我們知之甚詳的人表示「好感」的衝動中找到。這種衝動可被其他衝動抑制和壓倒，但是任何人都可以親自來檢驗其存在和先理性，比方他可以上大英博物館去觀察一個死於四千年前的埃及小女孩趴在地板上擦鞋尖的姿態對他的感情所產生的影響。

競選的策略主要在於可據以直接建立這種個人感情的出奇制勝之道。候選人被勸告經常在大庭廣眾間「亮相」、授獎、在他人演說結束時「講幾句話」——一切都在這樣的情況下進行：在場者對候選人的長處很少或根本沒有形成合理看法的機會，而產生純粹本能感情的機會倒不少。候選人的肖像被定期發送——如果是一張好的，也就是有特色的，而不是比本人漂亮的肖像，那就更有效了。最好是一張他在花園裡抽煙斗或看報紙，鮮明地突出他日常生活情景的相片。

一個感情被這樣激發起來的頭腦簡單的支持者，也許會試圖對此作出理智的解釋：他會說，此人（對於這個人，除了相片裡頭戴巴拿馬草帽，手牽一隻小狐狸狗外，他也許確實一無所知）是「我們需要的那種人」，因此他決定予以支持；就像一個小孩會說他愛他的母親，因爲她是天底下最好的母親[5]，或者一個戀愛中的男人會煞費苦心地解釋他完全正常的感情，把它稱之爲從他心上人的出類拔萃的優點中得出的理智結論。候選人自然也會以同樣方式進行思考。有一次，一位我認識的極其謙遜的人對我說，他常在他未來的選民中「走動」，「讓他們看看我是一個多麼出眾的人」。的確，除非這個過程可以理智化，許多人對此是難以理解的。

一位君主是一個終身候選人，存在著一種爲他培養個人感情的精心炮製的傳統藝術。他被人看見要比他說話或做事重要得多。他的肖像出現在每一枚錢幣或郵票上，除了本人美醜問題之外，如果是張好的肖像，效果就更好。例如：誰要是能清楚地回憶起維多利亞女王在位晚期自己的感情，就會記得，當一八九七年一張栩栩如生的肖像取代了一八三七—一八八七年錢幣上襲用的頭像以及女王在位六十周年紀念的尷尬妥協之後，他對她的感情大大增強了。就君主來說，人們也能夠看到報紙、官方傳記作者、朝臣甚至可能是君主本人，使整個過程理智化。實際上，關於君主的散步和駕車出遊等細節的日常公報更可能製造一種對他的人格的鮮明印象，因此，爲了培養這種感情，敘述的就越發都是一些平凡的事。但是，由於平凡的事產生的感情是難以在純理智基礎上解釋的，因此這些事就得用顯示一種特別規矩和勤儉生活的筆觸來寫。當感情產生以後，有時甚至被形容爲對君主在位時期進行思考所必然得出的合理結論，如在位時期有空前多的五穀豐收或偉大發明。

有時候，感情衝動被刺激到使其非理性特徵變得一目了然的程度。喬治三世（George the Third）深受英國人民愛戴，因爲他們熟知他和他們一樣出生在英國，也因爲所發表的他的日常生活起居紀錄，使他們倍感親切。因此，范妮．伯尼（Fanny Burney）談到，當國王癲癇病發作要用馬車送往倫敦皇家植物園時，護送的醫生們十分擔心，惟恐哪一個村子的居民看到國王手足被捆住會對他們起而攻之[6]。類似的忠於個人和王室的感情（其起源可能在於下述事實：人類祖先組織鬆散的隊伍，在普遍的感情本能轉化成一種緊跟和保護領袖的強烈衝動當前時，無法抵禦食肉敵人）不止一次地引起了破壞性的、完全無益的內戰。

恐懼往往伴隨感情而來，在政治中往往和感情混爲一談。一個畢生夢寐以求想一睹國

---

[5] 一天，我認識的一位極會動腦筋的小女孩在望著她的母親時，突然有一種強烈的感情衝動。她先是照例理智地解釋她的感情：「媽咪，我認為你是天底下最美麗的媽咪。」然後，想了一會兒，又改口說：「可是，人們說愛情是盲目的。」

[6] 范妮．伯尼，《德布萊夫人日記》（*Diary of Madame D'Arblay*），一九〇五年編，第四卷，第一八四頁：「如果他們膽敢使用蠻力，他們毫不懷疑，只要國王稍加反抗，全村的人民就會起來援救他。」

王風采並與他交談的人，在一個偶然的機緣下和國王迎面相遇。他「肅立不動」，臉色蒼白，噤若寒蟬。因爲在過去，只要稍微一動，就可能把他的祖先暴露在一頭獅子或一頭熊之前；或更早些時候，暴露在一條飢餓的烏賊之前。如果哪一位實驗心理學教授把他班上的學生安排在實驗室裡，每個人的手腕繫上一只脈搏測量器，準備把那些伴隨「震顫」感而來的脈動記錄下來，然後不預先通知，讓一位主教、一位著名將軍、一位最偉大的當代作家，還有一位次要的王室成員，不分先後順序，逐個進入實驗室，這將會是一個有趣的實驗。立即產生的脈搏紊亂記錄將具有眞正重要的科學意義；甚至可以繼續對每一位來者記錄十五秒鐘，並在學生中追蹤對政治見解、教育或幽默感的各種變化的副作用。

眼下，從政治方面對這個問題進行的幾乎唯一眞正科學的觀察，是帕默斯頓勳爵（Lord Palmerston）對一個關於貴族的純理智報告提出的異議：「嘉德勳章（Garter）[7]的榮譽是無可非議的。」不過，新的貴族製造者們仍傾向於理智化。例如：法國政府製造了一種「農業勳章」（Pour le Mérite Agricole），它照理應該非常成功，但據說那種勳章的綠綬帶在法國壓根沒有引起任何激動之情。

嘲笑的衝動在政治中是比較不重要的，但是它爲老練的政治家必須承認先理性衝動提供了一個有力的例證。嘲笑顯然是認出不合理現象的直接效果，正如發抖是認出危險的直接效果。嘲笑可能是逐漸發展起來的，因爲動物在遇到意外時身體微微痙攣很可能是在防備敵人侵犯，嘲笑也可能只是我們神經系統中某一種在其他情況下有用的功能的意外結果。不過，不協調在很大程度上是個習慣、聯想和個人差異的問題。要預測哪一種行爲對哪一類人顯得滑稽可笑，或不協調的感覺能維持多久，是非常困難的。例如：目的是在一般腦筋遲鈍的人當中製造崇高感情效果的行爲——柏克（Burke）的匕首、路易·拿破崙（Louis Napoleon）的馴鷹、德皇關於德國軍隊和鐵腕的電報——可能這樣做，因而最後在政治上獲得成功，然而這些行爲會使那些基於自制心理而擁有良好政治風度的人啞然失笑。

還有，社會主義和個人主義之間整個經濟問題的關鍵幾乎都在財產欲的性質和限度上。似乎有充分理由可認爲這是一種眞正特殊的本能，而不僅僅是習慣或理智地選擇手段來滿足權力欲的結果。例如：兒童在極幼小時就爲爭奪顯然毫無價値的東西鬧得不可開交，而且早在他們能有從個人占有中獲得利益的任何明確概念之前，就把這些東西收藏起來。那些在慈善學校毫無私人財產，甚至沒有私人衣服或手帕的情況下長大的兒童，顯示出種種由於完全不能滿足一種強烈的遺傳本能而對健康和個性產生惡劣影響的跡象。財產

【7】英王愛德華三世於十四世紀中葉設立的英國勳章，為英國爵士的最高勳位。——編按

欲的進化起源也由狗、松鼠或喜鵲的許多習慣表現出來。因此，經濟學家應當爲我們寫一篇論文，從量的方面把這種財產本能好好研究一下。這種本能是不是和獵取的本能一樣，得不到滿足就會消亡？可以用教育把它消除或改變到什麼程度？能夠用租借權或終身財產所有權，或集體基金會提供的共同財產或修建一個公園來滿足嗎？要滿足它是否需要像土地或房屋那樣實質的東西，還是只要擁有例如殖民地鐵路股份就足夠了？缺少無限的所有權在個人動產（如家具和裝飾品）方面是否比在土地或機器方面感受更深？這種本能的程度和範圍在不同的人或人種中，或者在兩性之間，是否有顯著的差別？

在進行這種調查研究之前，我個人不成熟的看法是這樣的：和許多具有早朝進化起源的本能一樣，財產本能可以用一種公開的假象來滿足，正如一隻經常餵牛奶的小貓，只要讓它玩一個小木球來滿足牠的捕捉本能就能保持良好健康；一名性情溫和的公務員只要打高爾夫球就能滿足他的戰鬥和冒險本能。如果情況眞是如此，同時如果由於其他原因認爲不宜透過占有例如奴隸或土地來滿足財產本能，那麼，很大一部分財產欲今後甚至將由那些財產本能特別強烈的人透過蒐集貝殼或圖像明信片來獲得滿足。

財產本能是古典經濟學家擯棄把所有欲望當作籌畫獲得「功利」或「財富」的手段的結果的老習慣的兩個例子中的一個。他們說，用自耕農制來滿足財產本能能夠「點沙成金」，儘管每一筆收入要比在薪資雇用下付出更多的勞力。另一個例子是家庭感情本能，這同樣需要一部專著來論述其刺激、差異和限度。但是古典經濟學家把它當作是絕對、毫無變化的。「經濟人」（economic man）（他對世界上其他人的關心不比一隻失群的狼多一些）被視爲對其「家庭」具有完美、永遠休戚相關的感情。家庭顯然被認爲是由西歐人在法律上要對之負供養責任的那些人所組成，但未曾評估這種本能是否在某種程度上能擴及堂表兄弟或叔伯祖父。

一篇關於各種政治衝動的論文要臻於全面，至少還必須包括戰鬥本能（競賽，夾雜愛戴和忠誠，以拉幫結派爲形式）、懷疑本能、好奇本能以及出人頭地的願望。

這些基本的衝動在「單一的」，亦即不伴有其他競爭型或對抗型衝動的情況下，其直接效力大爲增強；這就是爲什麼目的對在一個時候產生一種感情的藝術，要比紛紜多變的現實生活容易打動多數人的心的主因。我曾在郊區看戲，坐在許多從南非前來參加國王加冕典禮的殖民地騎兵當中。戲名是《我們的兄弟》（*Our Boys*）。在換幕之際，坐在我旁邊的那位不動聲色地給我講了一九〇一年聖誕節早晨杜・韋特（De Wet）襲擊英國軍營之後，在特威方丹（Tweefontein）發生的駭人聽聞的情景——醉酒的兵士慘遭殺害，幾個駕車的卡非人被捆綁在熊熊燃燒的貨車上。幕又升起，五分鐘後，我看見他正在爲舞臺上兩個身強力壯的小夥子不得不吃「劣質多塞特（Dorset）[8]」黃油的不幸遭遇而大灑同情之淚。我對兵士和卡非人的感情是「單一的」，而他的感情則糅有記憶中的種族仇恨、激烈戰鬥以及對英國人無能的蔑視。另一方面，我對舞臺角色的同情含有對老一套演出、蹩腳演技以及維多利亞王室中期情趣的批判成分，他卻沒有。

正是這種與混雜而實在的感情相比的單一而摹擬的感情的更大的直接效果說明了政治代理人的一句傳統格言：候選人最好不要住在他自己的選區。他能夠自命爲「地方候選人」是個有利條件，但是他的地方性應當是特定的，應當表現爲每年租一所大房子，他在裡面過著精心安排的熱情好客生活。許多事情——他選擇的商販、他子女的帽子和麻疹、他和親戚的糾葛——本來是無可非議的，但如果他是一個常住戶，就會「變樣」，可能會把他產生的印象攪亂。如果人們能借助一個時間器，須臾間看到那個穿著破鞋的埃及小女孩本人，可能會發現她的舉動異常可愛，以致加深對她的死亡的憐憫。但如果她在世時果眞是個十分可愛的小女孩，人們很可能不會覺得她可愛。

藝術表演引起的感情的直接效果比具體觀察產生的感情的直接效果更大，不過這種效果必須按照它與另一個事實的關係來研究——衝動的推動力以及它們引起的神經錯亂的深度不是因爲它們在我們目前生活中的重要性而不同，而是因爲它們在我們過去進化史上出現的時候而不同。我們不大能抗拒單純血管和神經反應的衝動，如嘴巴流涎、四肢抽搐、眼睛閉合，這些是我們和某些最低等脊椎動物所共有的。我們要費好大勁兒才能克制飲食男女的本能、發怒和恐懼的本能，這方面我們是與高等動物一樣的。另一方面，我們卻很難一貫服從那些伴隨推斷和聯想產生的意象而來的衝動。一個人可能被一系列中肯的道理說服，相信他如果去參觀某幢住宅將會墮入地獄；然而他會爲了滿足一種他羞於承認其存在的半自覺渴望而不惜這樣做。一位傳教士透過想像火刑和拷打使地獄對他變得眞實時，他的信念可能會獲得強制力。但是，當他的記憶消退，那種力量就可能立即消失，甚至最生動的描述也比不上一絲實際的痛楚。在戲院裡，由於單一的感情是容易的，四分之三的觀眾可能會流淚，但由於第二手的感情是淺薄的，他們當中很少人回到家後會睡不著覺，甚至晚餐時失去胃口。我的那位南非騎兵也許剛爲《我們的兄弟》流過淚就沒事了。看小說所產生的悲痛感的短暫而舒適的特徵是人所共知的。一個人可能在看小說時流淚，但過二、三個鐘頭就把小說忘個精光，而同一個人卻可能因爲生活中一些實際經歷而發瘋，或者終身改變性格。這些經歷遠遠不及他在小說裡看到的那些來得可怕，當時他既沒有流

〔8〕多塞特，英格蘭南部一郡，盛產細羊毛及牛、羊油。——譯註

淚，也沒有發生任何明顯的神經影響。

所有這些事實，在那些透過報紙將一應激發政治行爲的事件傳達給選民的現代大國裡，具有最重要的政治意義。比舞臺更甚，報紙的感情力量由於是單一的，因而容易接受；由於是第二手的，因而瞬息即逝。戰爭和饑荒、凶殺和貧困的調查證據，全都被新聞工作者以文藝體裁撰寫，「生動的」細節經過精心選擇。它們的效果因此立刻就能產生：在中產階級用早餐的半小時，或在星期日早晨勞工閱讀周報的較長間歇。但是，報紙一看完，感情作用也很快就消失了。

正因爲這個緣故，在一個以報紙爲基礎的文明國家裡，一個候選人感受到詹姆斯教授所謂的「強烈的有效現實感」[9]打動人或打動不了人的奇異情況。在上次競選時，我走在路上，腦子裡想著一些有關的實際問題，並把它們與構成競選氣氛的費解新聞用語、舊慣習和新猜疑這些半自覺衝動相比。我走到街角上，遇見一個十五歲左右的男孩正放學回來。他一看見我，立刻面露喜色，精神抖擻。我站住腳跟，他衝我說道：「我認識您，華勒斯先生，是您把獎章掛在我身上的。」在那整整一天裡，各種政治原則和論據都被我的選民當作耳邊風，但是我在一個學校典禮上把高出勤率獎章掛在學生胸前這一具體事實所引起的感情，卻具有第一手經驗的完整刺激。

在整個競選過程中，候選人在每一個關鍵時刻都發覺大多數人親眼看到的這個平凡庸碌的世界要比他們透過報紙看到的推理和間接觀念的世界充實得多。例如：倫敦的一位郡議員當競選日子將近，開始擺脫行政委員會的日常事務，進入競選活動的迷魂陣時，發覺他撇下的一班職員，連同他們每天指定的工作、他們對薪資的希望和憂慮，對他似乎比他本人眞實得多。站在陋街門口不相信他拜票但不支領酬勞的老婦人啦、直截了當地說「我料想你已經看出政治這玩意兒挺費錢」的生意興隆且好脾氣的小商人啦，這些人彷彿都腳踏實地。無論他怎樣經常地告訴自己，偉大的現實是在他這邊，他周圍的那些忙忙碌碌的人只關心一些短暫的表面現象，然而他總是不斷反復感到他自己生活在一個陰暗的角落裡。

這種感覺還被下述事實加深：一名候選人必須不斷重複同樣的論調，必須在自己身上激發同樣一些感情，而單純的重複卻產生一種不實在的感覺，令人苦惱。每星期日必須重複同一福音的傳教士也發覺「枯燥乏味的時刻」與興奮得意的時刻交替出現。即使在選

[9] 威廉・詹姆斯，《心理學原理》第二卷，第五四七頁：「人生的道德悲劇幾乎完全在於真理和行為之間應有的聯繫斷絕了，某些意念不帶有這種強烈的有效現實感。」

民之間，重複同樣的政治思想也容易產生厭倦。競選形勢之所以經常改變，一個主要原因似乎是一度受到熱烈歡迎的主張過了一、二年就變得陳腐單調，而新的主張則顯得新鮮生動。

確實需要一位修養高的心理學家來寫篇文章，談談我們的神經系統在什麼情況下表現出不堪忍受一再重複的感情和情緒。這個事實顯然是和產生眩暈、搔癢和暈船等純粹生理因素有關的。但是，許多「天然的」事情，亦即我們在神經系統逐漸發達時期不斷經歷的事情，對我們顯然沒有這種影響。心跳、水的滋味、太陽的升落、或者就兒童而言，牛奶、或者媽媽和兄弟成天待在身旁，似乎並不顯得極爲單調乏味。但是，「人爲的」事情——一個鋼琴的曲調、一件服裝的樣式、一個熟人的問候——無論開頭多麼有趣，如果經常照式照樣重複，就會變得令人無可忍受。報紙在這個意義上也是一樣人爲的東西，報章記者的本領之一，就在於以那種像賦格曲（fugue）[10]的短句一樣經常接近但從不超出單調範圍的重複來提出他的觀點。還有，廣告商現在也發覺，改變一下海報給眼睛的單調感是大有好處的，辦法是把那些並排掛在一起的畫印成幾種不同顏色，或者更妙的是讓這些畫表現出「快活的吉姆」或「美麗的蘇珊」生涯中的一些豐富多彩的事件。

候選人也是人爲的。如果他在他自己的選區生活和工作，選民每天看到一個本來十分可敬的商人坐在早上八點四十七分一班火車的頭等車廂裡，以同一個姿勢看同一張報紙，不知不覺就會產生一種微微不舒服的感覺，儘管同他的關係是「天然的」的妻子不會有這種感覺。同理，當選舉的日子將近時，雖然候選人可以自命是「站在老講臺上的老議員」，他還是應當稍稍改變他的形象、講話方式以及宣布政治信仰的細微末節，以避免單調。

另一個與我們不能忍受一再重複的感情調節密切相關的事實，是保有隱私的願望。這種願望相當顯著，其性質近似一種特殊的本能，被另一種害怕孤獨的對立本能所抵銷。我們的祖先在我們目前的神經系統變穩定期間，顯然生活在組織鬆散的家庭群體中，由於某些偶然的目的結成大一點的，但組織更加鬆散的部落。沒有一個人單獨睡覺，因爲多半是單一配偶的家庭，每晚都聚集在一個洞穴或「單斜屋頂」（lean-to）的蔽身處。白天的獵食大概既不是單身一人，也不是經常成群結隊進行。即使女人留在家裡照顧孩子，男人還是一天幾十次和熟人打招呼，或去參加一件共同的工作。偶然地，甚至在語言充分發展之前，數百人會聚在一起情緒激昂地進行談判，或敵對部落會集合起來準備戰鬥。

【10】賦格曲，一種多聲部的樂曲，用複調發展主題。——譯註

一個正常人需要和他的夥伴進行一定數量的交往，過少或過多，對他都是極難忍受的。多數人儘管明明知道自己十分安全，還是覺得難以在一間空房子裡睡覺，過三天絕對孤獨的生活就苦不堪言。在這方面，即使習慣也無濟於事。一個必須受單獨監禁，而且監禁時間逐漸延長的人，當他無間斷地被關了一年之後，可能會發瘋。一個移民，儘管是移民的兒子，而且只懂得移民的生活方式，除非與家人的日常接觸之外，每星期還同一位鄰人或陌生人聊一次天，否則就無法活下去；他會從事漫長而危險的旅行，以便每年一次享受亂哄哄的集體生活。

但是，另一方面，多數人的神經系統會受不了對新結識朋友的重複心理調節，儘管一定數量的重複是如此地使人精神振作和必要。因此，在現代大城市裡，既能看到人們半自覺地竭力維持他們祖先在叢林裡流行的那種隱私和交往間的比例，也能看到完全忽視這方面人性主要事實的提議或試驗層出不窮。政治烏托邦作者們的習慣性唯理智論使他們不理解爲什麼人們不能在大大擴充了的家庭生活中獲得快樂和實惠。作者本人在他想像力最豐富、最得意的時候，恐怕根本沒有認識到隱私的必要性。他的感情正處於膨脹狀態，可以實事求是地回溯到人類始祖尖聲叫喊的集會的感情氣氛；而只要這種狀況延續下去，他就準備把整個世界拉進他的胸懷。他所不瞭解的是，無論是他，還是任何其他人，都不能使自己永遠處於這種狀態。在威廉·莫里斯（William Morris）[三]的《烏有鄉消息》（*News from Nowhere*）中，家庭生活的習俗擴大到街上，而疲累的學生從大英博物館出來，還一個勁兒地和口渴得要命的清潔工親切談話。記得我讀過一個早期的基督教社會黨人在一八五〇年左右寫的一篇文章。他說他剛乘一輛公共馬車沿牛津街而下，他注意到，當馬車經過一段前不久用碎石鋪砌的路時，所有的乘客都轉過身互相攀談。他說：「將來有一天，整條牛津街都會鋪上碎石，到那時，由於人們能夠聽見彼此的聲音，公共馬車將變成一個充滿樂趣的非正式俱樂部。」現在，幾乎整個倫敦城的街道都已用木頭鋪砌，人們坐在馬車上的椅子裡能相互聽見竊竊私語聲，但除非發生嚴重的意外事件，沒有一位乘客願意跟他旁座的人說話。

倫敦設立了許多俱樂部，主要不是因爲公共客廳和餐廳收費低廉，服務周到，而是因爲能使人們在無拘束的社交氣氛下與他人歡聚一堂。在薩克雷（Thackeray）的《勢利者臉譜》（*Book of Snobs*）和薩克雷描寫俱樂部吵架的小說裡，可以看到這種設計所產生的糾紛。今天，俱樂部之所以獲得成功，恰恰是因爲幾乎每個俱樂部都有一條不成文規定：任

[三] 莫里斯（一八三四—一八九六），英國作家、詩人、散文家。——譯註

何會員不得和他不相識的人交談。傅立葉（Fourier）、羅伯特·歐文（Robert Owen）等人的無數次共產主義試驗之所以失敗，主要都是因爲缺少隱私。共處使人相互感到厭煩。在亞里斯多德從經驗觀點批判柏拉圖的共產主義的《政治學》（*The Politics*）那些雜亂的篇幅裡，突出一個同樣的論點：「過集體生活誠非易事」；共產主義殖民者總是「就一些最瑣碎的事爭執不休」；「我們常常和那些與我們日常接觸的奴隸合不來」[12]。

一七〇〇至一八五〇年的慈善學校是不僅不給財產本能而且不給獨特的隱私本能以活動餘地的實驗的結果，這種學校的一部分災難性神經和心理影響必須歸因於此。當代公立寄宿學校的學生透過一些古怪、往往殘忍的社會習俗獲得了一點點隱私；自從那時以來，「書房」和「宿舍」體系已有所改善。不過，經驗似乎表明，在童年時期，家、教室和運動場交替變換的走讀學校，要比寄宿學校更符合正常的人性。

這種對隱私的本能需要是又一個值得進行專門詳盡研究的課題。這種需要在不同人種之間有很大的差異。北歐人的隱私欲大大強於南歐人，原因可能是一年很多時候或較少時候必須過戶內生活的人種已經在生理上各自調整了不同的標準。同樣明顯的是，最容易疲勞的乃是我們的情緒本質，而不是談話的心智器官或肌肉器官。輕鬆的交談，哪怕在陌生人之間，交談雙方都不「忘形」，要比動感情省力得多。一個擔任狄德羅（Diderot）喜劇的次要替身並切身感受他的角色的演員，因神經過度緊張而垮掉的可能性，要比一個僅裝模作樣，並保持自己感情生活的演員大得多。

然而，在民主政治中，隱私是最被忽視、最難也是最必要的。在美國，所有的觀察家一致承認下列現象所產生的危險：政治家被看作人民意願的抽象化身，所有的人對他都有同樣的、不可剝奪的接近權，每個人都應從他那裡獲得同樣親切和眞摯的歡迎。在英國，就議員與其選民之間的關係而言，我們比較貴族化的傳統多少保持了更加符合人眞實天性的習俗。一個疲憊的英國政治家在盛大的招待會上仍舊可以把他的時間用來在房舍遠處的一個角落裡和少數幾位朋友開開玩笑，而不必和數不清的陌生客人頻頻握手，交換熱情洋溢的客套。但是這種隱私的傳統正因爲貴族慣例的關係，大有在英國民主中被廢除的可能。一位年輕的勞工政治人物必須生活在比美國更拋頭露面的環境裡。說不定，剛剛離開工作臺，神經和身體還沒有適應腦力勞動的艱難要求，就必須白天黑夜每時每刻以同樣的眞心誠意接見每一位來訪者，並隨時準備分享或激發他的追隨者的熱情。一、二年以後，如果此人的神經系統比較脆弱，這個任務就不可能完成。神經衰弱的徵兆最初被他和他

[12] 亞里斯多德，《政治學》第二卷，第五章。

的朋友們看作是他眞誠的證據。他開始犯牧師病，眼睛發亮，神經過敏，成天向一連串深表同情的聽眾談自己的過勞，逐漸發展爲眞正健康不良——儘管他實際上一天做不了一個小時的勞力活。我認識一位處於這種狀態的年輕政治運動者，他認爲除非那位對他欽佩得五體投地的礦工（他就住在這位礦工的小屋裡）在他開始宣傳演說前用小風琴演奏〈馬賽曲〉（*Marseillaise*），他就無法演說。這種人常常酗酒。無論如何，他就像那些試圖過同樣生活的倫敦東貧民區的牧師一樣，容易陷入最可憐而又可笑的神經崩潰。

不過，這種人由於不適合過沒有隱私的生活，是活不久的。更大的政治危險可能來自那些比較適合過這種生活的人。誰要是去過美國，曾經在費城一所法院審理一宗政治案件時站在人群裡，或看過與坦慕尼協會（Tammany）[13]有關的無數競選漫畫，就會至少對一種可以活下去的人有所瞭解。這種人體格強壯，粗下顎，闊嘴巴，能說善道，有過多年在酒吧裡混日子的經驗，懂得「好貨賤賣」的方法。但是即使這些人一般也貌似喜歡喝酒，好像不會長壽。

另外還有幾種比較不那麼可怕的沒有隱私生活的政治家：日以繼夜地重複他個人的戲劇性成功，並且像演員般把陣陣發作的厭倦藏在內心的演說家；以一星期參加四次可以抽菸的音樂會爲樂事的忙忙碌碌、喋喋不休的組織者。但是，這些人如果被迫退出公共生活六個月，用自己的雙手和頭腦做些事，或哪怕獨自待在家裡動點腦筋，那無論對他們的健康還是工作能力都是大有好處的。

這些事實，就它們代表政治社會裡某些生活條件所產生的神經錯亂而言，又是與一門迄今尚未獲得詳盡研究的特殊心理學——所謂的「群眾心理學」（Psychology of the Crowd），已故的G. 塔德、勒朋（M. Le Bon）等人曾對此有所論述——密切相關的。就人類而言，正如其他許多群居動物和半群居動物一樣，一些較簡單的衝動——尤其是恐懼和發怒等衝動——當它們爲許多身體緊靠在一起的人共同有意識地占有時，可能大大地強化，從而引起強烈的神經錯亂。這個事實，和嘲笑的存在一樣，也許本來是神經反應機制的一個意外和不愉快的結果。它之所以存在，是因爲當認識到一個共同的危險（例如：森林大火或猛獸襲擊）時，四下逃散是多數人脫險的最好機會，儘管這對於群體中體質較差的成員可能是致命的。

我個人對英國政治進行的觀察表明：在一個現代民族國家裡，這種因神經興奮與身體接觸相結合而引起的驚慌沒有什麼重大意義。二十世紀的倫敦和十八世紀的巴黎截然

【13】坦慕尼協會，美國紐約市民主黨組織。——譯註

不同，和十四世紀的佛羅倫斯也大不相同，就因爲要讓相當多的市民在可能產生特殊「群眾心理」的環境下集合起來，是極其困難的。我曾親眼目睹二十萬人集結在海德公園參加工黨舉行的一次示威活動。散布在各處的講臺、新鮮的空氣、空曠的草地，這種環境似乎不宜產生純粹本能的興奮，而倫敦這樣一次集會的氣氛是溫和淡漠的。在一條狹窄街道裡的人群比較可能「失控」，而幾千人在一個大廳裡受到刺激，在一個老練的演說家的操縱下，會達到近似眞正病態興奮的狀況。但是，當他們步出大廳，進入涼爽、一望無垠的倫敦，他們的心情頓時就會改變。占領巴士底獄的暴民在曼徹斯特的一條商業街上不會顯得像一支勢不可擋的力量。然而，這些事實在不同人種中有很大差別，一個人讀法國社會學家的有關著作時感到誇張，可能是由於他們的觀察是在拉丁人種而不是在北歐人種中作出的。

以上我已經談了一個現代國家的國內政治所說明的各種衝動。但是，在整個政治衝動心理學中，最重要的部分也許不是與任何一個國家的公民彼此之間的情緒反應有關，而是與那些在國際政治中暴露出來的種族感情有關。未來世界的和平主要取決於我們是否對那些其五官和膚色與我們相同的人有一種本能的喜愛，而對那些與我們不同的人有一種本能的憎惡。這一點有待心理學家就各項證據進行認眞研究，很難斷論。但是，我傾向於認爲，那些強烈的和顯然簡單的種族憎惡和種族喜愛的情況肯定是存在的，它們並非是一種特殊和普遍的本能的例證，而是幾種獨特的和較弱的本能合在一起，並由習慣和聯想加強的結果。我已經論證過，政治感情的本能是由清楚認識其目標所激發的。因此，至少就沒有受過教育的人來說，由於認識和他們一樣的人的存在要比認識和他們不一樣的人的存在來得容易，喜愛和自己一樣的人似乎有一種天然的基礎，但由於人的認知能力是受教育激發的，因此這種喜愛也可能改變。還有，由於絕大多數人（尤其在童年時）是生活在和他們同一個種族的人當中的，任何明顯不一樣的臉或服裝都會引起對不熟悉事物的恐懼本能。不過，一個孩童對一張形狀古怪或有色臉孔的恐懼只要熟悉了就容易消除，但如果是一種特殊的種族憎惡本能所造成的恐懼就不大容易消除。據說，白人兒童或中國兒童對中國人或白人或印度人或黑人保姆和傭人從不長期表示嫌惡。再有，性愛即使被社會傳統反對，仍在非常不同的人種中自由發生，差別很大的人種從而融合起來。在某些動物（例如：馬和駱駝）之間，本能的相互憎惡（有別於恐懼）確實似乎是存在的，但據我所知，在彼此有近親關係、像人類一樣容易雜交的品種中，卻是絕對不存在的。

英裔印度官員常常說，一個人剛去印度的時候對土著懷有濃厚的興趣，過了幾年以後，卻常常身不由己地屈從於對印度種族的憎惡。他們把這種情況說成是一種特殊本能。

但是我認爲，他們關於這種感情的敘述更像我所說對不協調環境的不斷重複的心理和情緒調節所產生的神經性厭惡。在一個英國官員抵達印度時的年齡，他大多數感情習慣已經養成，他照例不作系統努力去加以改變。因此，正如新奇的法國烹調或德國臥床，對在歐洲大陸旅行者剛開始時是一個有趣的變化，一、二個月以後會成爲無可忍受的負擔一樣，英裔印度人與之正式接觸的那些土著的奴性和虛僞，甚至耐心和聰明，過了一、二年也會刺激他的神經。當他的社會習慣養成以後，在一個長時期內與和他屬於同一人種，但屬於不同社會傳統的人不斷進行密切接觸，也會產生同樣的結果。

不過，聯想在引起種族喜愛和憎惡方面也許是一個比本能更大的因素。例如：一個美國工人從遠東的體型聯想到作爲一片可怕的烏雲籠罩著工業世界各行各業的降低標準薪資。五十年前，喜歡《笨拙》（*Punch*）雜誌的中產階級讀者從同一體型聯想到受盡折磨的傳教士和特使的故事。在日本海戰役以後，他們又從它聯想到我們由於自己所處地理位置而最爲欽佩的那種英雄主義；而一望便知是亞洲臉型的東鄉平八郎（Togo）海軍上將的畫像在一八五九年本當激起眞正的和顯然是本能的憎惡，在一九〇六年卻產生愛慕之情。

但是，在這一點上，我們已接近政治衝動（有別於衝動本身）的實際目標或想像目標，它們必須留待下一章來討論。

第二章　政治實體

人的衝動、思想和行爲都源自他的天性，與他降生在其中的環境間的關係。上一章從人的天性方面談了那種關係（就它影響政治而言），本章將從人的政治環境方面來談同一種關係。

兩者有一個重要的差別：人生來就有的天性被政治家看作是固定不變的，而人降生在其中的環境，則在迅速和無限地改變。我們的政治從石器時代的部落組織發展到現代國家，顯然不應歸功於我們天性的改變，而只能歸功於我們環境的改變。環境這個詞既包括周圍的事物，又包括我們出生後獲得的傳統和應急手段。

生物學家把人性本身看作是持續改變。但是對他來說，構成過去政治的幾千年或幾萬年是微不足道的。生物類型在世界歷史相當短的時期內也許發生了巨大變化，但它們必然不是產生於一個生物的「突變」，就是產生於一個比我們人類最近發生的更強烈和更突出的淘汰過程。就埃及古墓裡描繪的那些種族目前的後代來說，其身體外貌看不出有什麼兩樣，沒有理由認爲他們生而有之的心智機能和意向已有較大程度的變化。

在那個時期內，世界不同種族的人口比例確實發生了變化，例如：一個種族在戰爭中顯得比另一個種族弱，或抵抗疾病的能力比另一個種族差，另外也有些種族在被征服後由於通婚而融合。但是，如果能把一個今天降生的嬰兒和一個十萬年前出生的同一血統的嬰兒交換，那麼，可以斷定，無論古代的母親，還是現代的母親，都不會看出任何驚人的差異。石器時代的小孩如果罹患痲疹，可能會比現代的小孩來得嚴重，或者在打架和狩獵方面表現出更強烈的本能，或者當他長大後，會比他的同伴更敏銳地意識到「生存的意志」和「生活的樂趣」。相反，一個移植的二十世紀的孩子，會比石器時代的兒童更好地抵抗傳染病。當他長大後，可能會有一個非常沒有特色和隨遇而安的個性。但是兩者的差別顯然到此爲止。本質上，每個人種的類型在整個時期內恐怕始終未變。在遙遠未來的政治中，那種旨在透過有意識選種迅速改進人種的優生學可能成爲一個決定因素，但是它對現在或過去的政治並沒有什麼影響。

我們環境中的新因素產生了把我們和我們祖先區分開來的巨大政治變化，這些新因素一部分是新的思想、感情、習慣；一部分是我們能對之思考和感受的新實體。

本章要談的就是這些新的政治實體。它們首先必定是透過我們的感覺傳達給我們，而在這種情況下幾乎完全是透過視覺和聽覺。但是，人和其他動物一樣，是生活在由無數視覺、聽覺、感覺組成的川流不息的印象中的，只有那些他認爲對他重要的印象才會打動他，使他產生行爲或思想。那麼，新的印象又是如何脫離其餘的印象並變得相當重要以致產生政治效果的呢？

任何事物要刺激我們，使我們產生衝動或行爲，首先必須是可認識的——必須像我們以前看到過的它自己，或者像我們以前看到過的其他東西。如果世界上所有的事物老是不斷地任意改變它們的外貌，如果沒有一樣事物像任何其他事物，或像它自己，哪怕只一會兒工夫，那麼，目前存在的所有生物根本不會有所作爲——它們將會像海草一樣隨波逐流。

雛雞在鷹的陰影下戰慄，因爲一隻鷹和另一隻鷹相似。動物在日出時醒來，因爲一次日出和另一次日出相似；動物覓食堅果或青草，因爲每一顆堅果和每一株青草都和其他堅果和青草相似。

但是，認識相似事物本身並不是一個激發行爲的有力因素。被認識的事物還必須是重要的，必須以某種方式使我們感到它對我們有重大關係。星星每晚在天空重新出現，但據我們所知，動物中只有人由於認識星星而受到行爲的刺激。飛蛾不會因爲認識一隻烏龜而受刺激，母牛也不會因爲認識一個蜘蛛網而受刺激。

有時候，這種重要性是大自然自動向我們指示的。野獸的咆哮、鮮血的湧現、小孩痛苦時的啼哭，都無需經驗或教導，就突出在人的眾多感覺之上，就好比對於一隻飢餓的狐崽來說，一隻兔子在樹叢裡一動或一閃馬上會和風聲和花草的色彩區別開來。有時候，一種感覺的重要性得由動物在自己的生活中去體會，比方狗認識老鼠的重要性是靠本能，而認識鞭子的重要性（條件是這根鞭子和狗以前看見和感受的鞭子相似）則靠經驗和聯想。

在政治中，人必須既瞭解相似事物的重要性，又必須製造相似事物。如果選票是一樣天然的東西，而一個過去從未聽過選票的青年，在二十一歲初見選票時肯定有投票的欲望，那麼，政治策略將會是件簡單得多的事。

因此，原始人中的所有社會和政治組織儀式說明了製造人爲的、容易認識的政治相似物的過程。如果一個首領要被承認爲首領，他必須像帕特羅克洛斯（Patroclus）[1]的鬼魂一樣「酷似他本人」。他必須年復一年地住在同一幢屋子裡，穿同樣的衣服，做同樣的事情；他的繼承人也必須學他的樣子。如果一樁婚姻或一筆買賣要被承認爲契約，必須在慣常的地方以慣常的方式完成。在少數情況下，一樣人爲地製造並被認識的東西又作用於使人和其他動物能夠無需經驗而解釋感覺的那些生理上繼承來的聯想，從而產生衝動的效果。一名武士的鮮紅油彩和狼皮頭飾，或一位巫醫的龍形面具，就像一個現代候選人的微笑一樣，直接啟動我們的本能天性。但是，即使在極早期社會裡，認識人爲政治實體所以能引起衝動，必然應歸功於生活中獲得的聯想。一個兒童如果挨過傳令官的棍子，或者見

[1] 帕特羅克洛斯，荷馬史詩《伊里亞德》中的一位英雄，在特洛伊戰爭中為赫克特所殺。——譯註

過他父親對國王或聖石行禮，就會學會依靠聯想對棍子、國王或聖石產生敬畏。

認識往往附屬於所認識事物的某些特徵（無論是天然發生的還是人爲製造的）。這些特徵反過來又成爲整個事物的象徵。低等動物的進化模仿表明，對於某些食肉昆蟲來說，惡臭是腐肉的一種相當具說服力的象徵，足以誘使它們在花中產卵，而黃蜂黑、黃兩色的條紋如果由蒼蠅加以模仿，乃是一種使鳥兒遠避的充分象徵[2]。在早期政治社會中，絕大多數的認知是受這些象徵指引的。你不能使一位新國王（他可能是個小孩）在各方面都像他的前任國王（他可能是個老人），但你可以在他們身上刺上同樣的花紋；甚至可以較容易也較少痛苦地給國王加上一個非他肌膚一部分的象徵，例如：一根權杖，權杖可予以裝飾和放大，直至失去權杖的作用，但肯定是個象徵。於是，一個國王由於手裡握著權杖，就被承認爲國王。如此一來，一根權杖就如同一個名字，古代墨西哥恐怕就曾有過以權杖模型代替國王的符號書寫系統。

在這一點上，已經很難不把整個過程理智化了。我們自己的「常識」以及十八世紀哲學家的系統化常識，同樣都能解釋爲什麼部落人懼怕權杖，說權杖使他想起統治者與被統治者間的原始社會契約；或想起經驗表明來自於王室賞賜和王室懲罰的快樂和痛苦。因此他由於推理作用，一看見權杖就對國王產生恐懼。

如果激起衝動的象徵是實際的語言，要使所獲得的感情聯想不混淆整個推理過程，就更難了。由於我們稱爲語言的那些聲音和符號的作用之一，是在我們頭腦裡激起一個蓄意的邏輯思維過程，因此我們容易忽視它們的其他作用。最容易的莫過於說明語言的邏輯應用：以抽象思維分解一大堆感覺——例如：關於一個王室成員的記憶；選擇另外一大堆感覺所共有的一種性質——例如：王權；給那種性質加上國王的名稱，並用這個名稱使我們能重複抽象思維過程。當我們清醒地試圖使用語言來正確推理時，這一切確實都發生，正如我們倘若根本沒有逐漸養成使用語言的能力而想構成色彩、模型和圖畫的正確概念時所發生的一樣。但是，任何一本心理學教科書都會說明，爲什麼當語言被用來刺激我們採取行動時，如果把這當作實際發生的事情來加以描寫是錯誤的，不是過分就是不足。

確實，「銅管樂器心理學家」在他們的實驗室裡做了非常了不起的工作，已經發明一種檢驗重要詞彙效果的實驗，任何人都可以一試。他可以找一個朋友用大字在卡片上寫一系列常用的政治名詞，如國家、政黨、原則等，然後讓這位朋友坐在一支記錄十分之一秒

【2】參閱威廉．詹姆斯，《心理學原理》第二卷，第三九二頁：「我們和低等動物的關係的全部歷史，乃是我們利用牠們只靠標記判斷一切的特徵來捕殺牠們的歷史。」

時間的錶前面，翻開卡片，觀察那些相繼進入他意識的聯想。第一批顯示的聯想會是自動的，而且顯然是「不合邏輯」的。如果卡片上的詞是「英國」，而做實驗的人視覺印象特別豐富，那麼，紙上的黑白符號馬上會產生一個伴有愛戴、憂慮或迷惑等模糊的、半自覺的感情反應的圖像。如果做實驗的人對聽覺印象特別敏感，符號首先會喚起一個鮮明的音像，可能還附帶一個類似的感情反應。我是一個視覺印象特別豐富的人，我的圖像就是一個模糊的三角形。其他視覺印象特別豐富的人向我描述了「英國」這個詞所自動引起的一面紅旗，或一片綠色的田野（從火車車廂裡所見）的圖像。自發的圖像或音像及其完全自發的感情附帶物之後，就出現詞的「意義」，一個人所瞭解的英國的情況，這些情況首先透過一個半自動的過程呈現在記憶裡，但需要做很大的努力不讓它消失。關於每個階段會出現什麼意象和感覺的問題，當然是由我們過去生活的所有思想和經歷決定的，但是它們（至少在實驗的早些時候）在我們還來不及清醒地反省或選擇之前就已經出現了。

除了語言之外，其他象徵也能建立一個相應的過程。如果實驗中不用寫上字的卡片，而改用幾頂家庭成員們的帽子，這個過程的其餘部分仍照常進行——自動的「意象」伴隨自動的感情聯想之後，緊接著在一瞬間就自發地認識「意義」，最後再清醒地進行回憶和思考。坦尼生（Tennyson）（部分因爲他天生是位詩人；部分也許是因爲他吸菸過度使他偶爾頭腦混亂）所描寫的各種心理狀態（對多數人來說，這些心理狀態都被記憶融合在一起）是極其精確的。例如：〈公主〉（*Princess*）這首詩中有一段描繪了我正在論述的相繼順序：

你的聲音在鼓聲中清晰可聞，
戰鼓聲在他站立處隆隆擂起。
你的臉在他的想像中閃現，
將戰鬥交付在他手裡。
當號角吹響的瞬間，
他看到他的孩子們在你膝前，
下一瞬間他像烈火般撲向敵人，
爲了你和你的將他殺死。

我認爲，末句「你和你的」似乎精確地表達了從「聲音」和「臉」的自發意象到反省心情的轉變，他爲之戰鬥的全部意義都在其中體現出來了。

但是，「將戰鬥交付在他手裡」的是「臉」。在這一點上，當我們將各種衝動本身作比較時可以看出，進化史上較早、較自發的因素具有更大的衝動力，而較晚的理智因素的衝動力則較小。即使你只坐在椅上也能感到是這麼一回事。

如果考慮到宗教現象，這種感受就更清楚了。唯一的一種由心理學家清醒地創立的有點重要性的宗教，是奧古斯特・孔德（Auguste Comte）的實證主義（Positivism）。爲了產生一種相當有力的刺激，以便在日常生活種種的邪念和誘惑中確保道德行爲，孔德請他的信徒們各自製造一個關於「人」的視覺形象。信徒每天早晨一個固定時候必須在心中默憶他所知所愛的一名婦女——他的母親、妻子或姐妹——的身形。身形必須總是處於同一姿態，穿同一服裝，因此一聯繫到「人」這個詞，它就必須總是作爲一個固定心像自動呈現出來[3]。與此自動聯繫的還有對想像中的人的原始感情衝動。在這以後，就儘快地出現詞的意義，以及與該意義相關的比較充分，但說服力較差的感情聯想。這個發明部分地因襲了羅馬天主教的某些戒律，部分是出於孔德所親身感受的德沃克斯夫人（Madame de Vaux）的形象對他的影響。之所以未被更廣泛地應用，其原因之一可能是一般人不像孔德自以爲是的那樣想像豐富。

紐曼紅衣主教（Cardinal Newman）在其《辯解書》（*Apologia*）富有啟發性的一節

中，解釋他如何爲自己製造擬人化國家的形象，並暗示：他之所以相信這些形象實際存在，是因爲感到製造這些形象有其方便之處。他說他把「國家」以及使他吃了不少苦頭的「宗教團體型的政府們」的特徵和天性與「部分地墮落、任性、反復無常；高尚或奸詐、仁慈或歹毒（視情況而定）的人物等同起來……我喜歡具體勝於抽象，使我理所當然抱有這種見解。我認爲它受先知但以理（Prophet Daniel）提到的波斯王的支持；我認爲《啟示錄》（*The Apocalypse*）介紹『七個教會的天使』時說的就是這種中間人」[4]。一八三七年……我說過……「英國有許多崇高的美德，然而天主教的信條卻很差。在我看來，約翰牛（John Bull）這個人物既不屬於天堂，也不屬於地獄。」

同樣地，哈納克（Harnack）在說明基督教擴張的原因時，強調「教會」這個詞的使用以及「這個詞所提供的擬人化可能性」[5]。這種使用可能起源於某位基督教哲學家對全體基督教會眾的共同特徵所做的抽象理智努力，雖然更可能來源於使用一個流行名詞時的

---

[3] 康格里夫（Congreve），《實證宗教教義問答集》（*The Catechism of Positive Religion*）第一部「崇拜的解釋」第六十五頁：「實證主義者在作私人禱告時閉上眼睛，以便更好地看清內在形象。」

[4] 紐曼，《辯解書》（一八六四年）第九十一、九十二頁。

[5] 哈納克，《基督教的擴張》（*Expansion of Christianity*）第二卷，第十一頁。

半自覺適應過程。但是，一個詞彙既經確定，它對多數人的巨大力量就在於擬人化所自動激發的感情，而不在於將詞義充分辨析後所產生的那些感情。宗教史提供了無數這樣的例證。「一個故事包含的眞理」要比不包含在故事中的眞理具有更大的感情力量，而從視覺上認識故事的主要人物比故事本身具有更大的力量。一個使「所有人屈膝」的神聖名字的音像，或甚至形之於心但未出之於口，在感情最強烈時，其力量要比眞正瞭解它的意義大得多。感覺到的東西——可以品嘗的聖餐、可以觀看和觸摸的貞女凱維拉（Kevlaar），要比他們在天上的原型更加眞實。

如果我們從政治中尋找同樣的例證，就能再次發現，在政治中要抵制對感情經歷做理智解釋的習慣，要比在宗教、道德或教育中不知難多少。對於絕大多數人來說，主要的政治實體是他們的國家。當一個人爲國捐軀時，他是爲了什麼而捐軀呢？坐在椅子上的讀者想到地圖集上某個地區的面積和氣候、歷史和人口，然後按照愛國者與所有這些東西的關係來解釋他的行爲。但是在戰爭緊急關頭所發生的並非從邏輯上確定或分析一個人的國家觀，而是頭腦自動選擇一樣感覺上的東西，這樣東西伴有我已經敘述過的同樣自發的愛慕之情。應徵入伍者畢生生活在一連串感覺之中：所讀到的地理書，所看到的街道、田野和面孔，所聽到的人聲、鳥聲或流水聲，凡此一切構成他可以從中得出國家觀的無窮事物。

在最後的衝鋒中他想到了什麼呢？也許是故鄉的一排大榆樹，更可能是國家的某種化身，某種能使一樣爲人喜愛的實物從眾多經歷中脫穎而出的習慣或想像。如果他是個義大利人，這可能是義大利的名字、音節。如果他是個法國人，這可能是他在故鄉市場上看到的佩著一把斷劍的法國大理石像，或〈馬賽曲〉那令人發狂的節奏。羅馬人爲飾有花環的權杖上的銅鷹獻身；英國人爲司令旗獻身；蘇格蘭人爲風笛聲獻身。

一個人可能千年一遇地在戰爭結束後站在參加葬禮的人群裡，聆聽伯里克里斯（Pericles）[6]從古往今來雅典人的無數優點中，歸納出那些使雅典爲世界所推崇的優點而怦然心動。但是過後他所能記住的恐怕只有伯里克里斯抑揚頓挫的聲音、手勢，或一位陣亡戰士之母的啜泣。

在政治演變中，最重大的事件之一是接連創造了許多新的道德實體，如正義、自由和權利等理想。就它們的起源來說，那種我們總想把它當作所有心智現象的解釋的自覺邏輯抽象過程，在很大程度上必然符合歷史事實。例如：我們有關於蘇格拉底（Socrates）把陪審員和政治家的一些勉強的回答予以比較分析的對話的當代記述，知道「正義」這個字

【6】伯里克里斯，古雅典政治家，以辯才著稱。——譯註

眼被他變成一個絕妙的政治名詞。在蘇格拉底之前許多世紀，同一個詞彙被普遍採用的緩慢過程，屢屢被某位已被遺忘的智者加快，力求使其受到過度的自覺思考的影響，這也是肯定無疑的。但是，每個階段工作一完成，正義女神就像一尊歷代藝術家不斷對之精工雕琢的石雕像，以逼人的美傲視一切。她不是被視爲一樣抽象事物，而是被看作一個直接的啟示。這種啟示確實使一些較老的象徵黯然失色，但淩駕它們之上的似乎是一樣眞實和肉眼可見的東西，而不是一個艱難的比較分析過程。戲中安蒂岡妮（Antigone）[7]以正義女神的名義蔑視手執權杖的國王透過傳令官發布的命令。但是對她來說，正義是位女神，「下界眾神的同住者」——那些爲安蒂岡妮鼓掌歡呼的雅典公民的後裔把蘇格拉底罵得要死，因爲他的辯證法使神又變成了抽象概念。

偉大的猶太先知的精神優勢多半應歸功於他們能夠以強大的感情力量提出一種道德觀而不使它僵化爲一個典型；但那是因爲他們總是按照它與所有神中最人格化的東西的關係來看待它。阿摩司（Amos）[8]寫道：「我厭惡你們的節期，也不喜悅你們的嚴肅會……要使你們歌唱的聲音遠離我，因爲我不聽你們彈琴的響聲。惟願公平如大水滾滾，公義如江河滔滔。」[9]「公平」和「公義」不是女神，但是阿摩司聽見的聲音並非抽象的聲音。

有時候，一個新的道德或政治實體的產生，與其說是透過緩慢的苦思冥想，不如說是透過洞見。某些天才的先知一眼就能看出至今在人腦中分立的東西的基本相似處——使人對自己的弟兄發怒的衝動之於使人行凶的衝動、寡婦的一文錢施捨之於富人的大量黃金施捨、浪子的放縱之於政黨領袖的放縱。但是，一旦主人死了，洞見也往往隨之而逝。柏拉圖的「理念」成了一個魔幻系統的公式，而耶穌關於一個人應該把他的一切送給窮人的訓令，卻使歐洲三分之一的土地變爲富有的基督教神職者的免稅財產。

上述詞彙和事物之間的關係是政治思考的主要困難。詞彙無法變通，非常容易人格化，和感情和偏見有莫大關係；詞彙所代表的事物非常不穩定。正如一個希臘人所說，倫理學者或教師多半同「天然」的東西打交道，政治家總是同「因襲」的東西打交道。如果你忘記母性或兒童期的涵義，大自然已爲我們製造出明白無誤的母親和兒童，他們每一代都一成不變地重複出現。化學家只要在實驗室做幾分鐘工作，就能確定他用的一個詞彙的意義是否和他的前輩所用的完全相同。但是，在政治中，被命名的事物總是在不斷變化，

【7】安蒂岡妮，希臘神話中底比斯王的女兒，因違抗新王命令被拘禁在墓穴裡，後自縊身亡。——譯註

【8】阿摩司，西元前八世紀的希伯來先知，是《舊約》中十二個小先知中的第三個。——譯註

【9】見《舊約·阿摩司書》第五章，第二十一、二十三、二十四節。——譯註

可能消失，也可能需要幾百年才能恢復原樣。亞里斯多德給「國家」（polity）這個詞下的定義是：「公民在那裡按照普遍福利，集體進行統治」的城邦。在他寫作之際，他從中汲取這個概念的那些城邦的自治，已在馬其頓的暴力下趨於衰亡。很快就不再有這種城邦的存在，現在我們提到亞里斯多德的概念時，他所解釋的名詞是由奧德薩（Odessa）的「警察」（Police）提供的。治安官式的審判（Justices' Justice）[10]成爲一個反論並非語言學上的偶然。打從羅馬法理學家恢復了希臘哲學家的工作，並透過繁瑣的問答建立起「自然正義」概念時起，這個概念和其他所有政治概念一樣，遭受到兩個危險。一方面，由於原來的抽象思維是無法全面完整地表達的，每一代使用這個概念的人都巧妙地改變它的用法。另一方面，這個概念是從人類的制度和行爲得出的，而人類的制度和行爲同樣也在發生微妙的變化。雖然羅馬法學家們的原稿保存了下來，羅馬法和羅馬體制卻已蕩然無存。當一個墨洛溫（Merovingian）國王或一位西班牙宗教法庭法官引用查士丁尼（Justinian）[11]的名言時，不僅詞彙的意義變了，就連原來意義上的詞彙所能應用的事實也不存在了。但是，這些赤裸裸的詞彙的感情力量卻依然存在。中世紀的羅馬法和教會法之所以能夠因襲一切弊端，是因爲傳統上仍舊一聽到「羅馬」這個詞彙就肅然起敬。在數百年間，一位德國王公比其他王公權勢更大，就因爲他是「羅馬皇帝」，大名叫「凱撒」。

政治家在創造一個新的政體時，會遇到和那些影響一個現有政體的歷史相同的困難和不確定性。在整個十九世紀，斯坦因（Stein）、俾斯麥（Bismarck）、加富爾（Cavour）或梅特涅（Metternich）等偉大人物致力於重建因「拿破崙的征服」（Napoleon's conquests）所破壞的歐洲，他們必須建立爲人民尊敬和熱愛的新國家，人民必須願意服從這些國家的政府，而且必須隨時準備好爲政府的存續戰死。種族、語言和宗教在全中歐是混合的，對於地圖所劃分的王國、公國和主教轄區的歷史記憶是混亂和缺乏刺激的。製造和分配新的國旗、錢幣和國名是再容易不過了。但這類東西的感情效果取決於聯想，而聯想需要時間來產生，且可能必須和已存的聯想作抗爭。倫巴底（Lombardy）或加利西亞（Galicia）的一個男孩目睹士兵和教師們向奧地利國旗敬禮，但眞正心情激動是在聽見他父親或母親小聲念義大利或波蘭的名字的當下。也許，就像在漢諾威（Hanover）王朝的情況下，新舊聯想經年的平分秋色。

在這種時候，人們從國名的直接感情聯想退卻，並尋求它的意義。他們問，奧地利

【10】治安官式的審判，用來諷刺英國某些地方行政官判決不當，尤指輕罪重判。——譯註

【11】查士丁尼（四八三—五六五），拜占庭帝國皇帝。——譯註

帝國或德意志帝國是什麼？只要天底下只有一位教皇，人們就不假思索地把他多年來累積的威望一代一代往下傳。如果四十年間有兩位教皇，一位在羅馬，另一位在亞維儂（Avignon），人們就開始查問教皇的本質是什麼。在這種時候，有些人甚至更進一步。他們不僅會問奧地利帝國或教皇這個詞彙是什麼意思，而且還會問奧地利帝國或教皇制度到底爲什麼必須存在。

因此，建立國家的工作必須在各方面展開。國名、國旗、國歌和貨幣都有以習慣聯想爲基礎、完全不從邏輯得出的效果。與此同時，政治家力圖爲這些象徵創造盡可能多的意義。如果一個國家的全體人民都在同一支軍隊服役，都講或都懂同一種語言，或甚至使用其他地方已不使用的黑體字字母，那麼國名對他們就有更大的意義。當撒克遜人（The Saxon）或薩伏依人（The Savoyard）提出「我是一個德國人或法國人是什麼意思」這個問題時，會作出更充分的回答。一場共同進行且獲勝的戰爭，不但會創造一段共同的歷史，還會創造一筆具有強烈感情的共同遺產。與此同時，「民族主義者」可能會力圖用歌曲、圖像和過去的成就來恢復和加強與固有國土相關的感情聯想——而在所有這一切後面，會就國家領土是大好還是小好，是以種族劃分好還是地區劃分好，進行認眞的哲學討論，討論結果政治家從第二手獲悉，公民從第三手獲悉。結果，義大利、比利時和德意志帝國成功地建立了具有充分愛國主義基礎的國家，而奧匈帝國在緊急關頭則可能歸於失敗。

但是，如果十九世紀歐洲建立國家的任務是困難的，那麼，二十世紀的英國政治家建立帝國愛國主義的任務就更困難了。對於聯合王國本身，我們甚至沒有一個有任何感情聯想的名字，沒有一個英格蘭人被「不列顛」（British）這個名字激勵，「英格蘭」（English）這個名字激怒所有的蘇格蘭人，而愛爾蘭人則同樣討厭這兩個名字。我們的國歌是十八世紀的歌劇腳本和歌劇音樂的樣本，平淡無奇，毫不動人。金幣上的裸體小聖喬治（St. George）或銀幣上的紋章從未激發過任何人的靈感。新的銅幣確實有希克斯·比奇小姐（Miss Hicks Beach）的優美體態，但是太小、太嬌媚，一點也沒有法國或瑞士的壯麗頭像的感情力量。

奧爾德姆（Oldham）或米德爾斯堡（Middlesbrough）的工匠所能認識的他的國家的唯一化身，是約翰牛的肖像：肥胖、粗野、十九世紀初米德蘭平原（Midland）的農夫。只有一個國家象徵——國旗上象徵聯合的部分——儘管像條百衲被那樣缺乏美感，但還算差強人意。不過至今它的全部聯想都是海戰方面的。

如果走出聯合王國，那情形就更糟。「大不列顛及愛爾蘭聯合王國及其殖民地和屬國」這個名字太長，也不吸引人。在一九〇七年的殖民地會議上，政治家和社論作者們曾想出種種拐彎抹角的說法以避免傷害任何人的感情，甚至用了「不列顛帝國」（British Empire）這個詞。對於《雪梨公報》（*Sydney Bulletin*）以及歐洲的漫畫家來說，世界地圖上任何套印紅色的領土依然只使人想起「約翰牛」那貪婪的小眼睛、大嘴巴和一雙大猩猩似的手。

還有，如果一個年輕的波耳人（Boer）或印度人或前美裔加拿大人問自己，帝國成員（「公民」（citizenship）這個詞用於帝國大概有六分之五的居民會產生誤解）是什麼意思，他覺得很難說出個究竟。如果他更深入一步，問帝國存在是爲了什麼目的，人們可能會告訴他，大不列顛的居民在恍恍惚惚的情況下征服了半個世界，可還沒有工夫對爲什麼這樣做想出一個事後的正當理由。唯一的一個能激起他愛國主義感情的記憶或反思的產物是下述聲明：迄今爲止，帝國的傳統是鼓勵和信仰政治自由。但即使最崇高形式的政治自由，其性質也是消極的，政治自由這個詞彙在孟加拉、羅德西亞（Rhodesia）和澳大利亞往往有不同的涵義。

然而，國家只是許多政治實體中的一種。一大群人在一個共同的政治名字下集合起來後，那個名字就可能既有理智上可以剖析的意義，又有感情上的聯想。例如：爲了地方行政的便利，伯明罕郊區被分成許多獨立的市。由於這些市處於老村莊的位置，由於蘇格蘭職業足球隊以它們爲名，也由於人類的感情必須有所寄託，因此據說它們正在發揚一種強烈的地方愛國主義，西布勞威奇市（West Bromwich）憎恨阿斯頓市（Aston），就像拜占庭戲裡藍黨憎恨綠黨一樣。在倫敦，主要在伯明罕榜樣的影響下，一八九九年新建了二十九個市，其名字——至少西敏市——都經過精心選擇，以便復活一些已被淡忘的感情聯想。不過，儘管賈斯特頓先生（Mr. Chesterton）在小說《諾丁山的拿破崙》（*The Napoleon of Notting Hill*）中作了預言，很少倫敦人學會以各市市民的身分來感受或思考。建造的市政廳他們從未見過，設計的紋章他們不願承認；他們的市只不過是些選區，他們在那裡依一張名單投票選舉，名單上的名字都是他們不認識的，分屬於他們的政黨之下。

事實上，政黨是現代民族國家中最有效的政治實體。政黨是隨著代議政體大規模出現而問世的，它的發展未受法律或憲法傳統妨礙，象徵著使政治體制適應於人性實際情況的最巨大努力。一個現代國家可能有一千萬或更多選民。每一個選民都同樣有權當候選人，並以候選人或鼓動者身分抒發對任何政治問題的獨特見解。但是，對於每一個生活在無窮事物中的公民來說，他的一千萬同胞中只有少數幾個能作爲政治思想或政治感情的獨立物件而存在，哪怕這少數幾個中的每一個對一個問題都只有一個終身不變的看法。需要有一樣更簡單和更永久的東西，這樣東西要能被愛和被信任，而且能夠在持續進行的選舉中被認出是以前愛過和信任過的同一樣東西：而政黨就是這樣東西。

任何一個政黨的起源都可能是由於一個慎重的思考過程。它的形成，如柏克所說，可能是由於「一群人聯合起來。按照他們一致同意的某一獨特原則，共同努力促進國家利益」[12]。但是，一個政黨一旦成立，它的命運就取決於人性的各種因素，慎重思考只是其一。政黨主要是個名字，和其他名字一樣，一聽見或一看見就滋生出一個「意象」，這個意象不知不覺地逐漸轉變爲自動理解它的意義。和在其他情況下一樣，名字及其自動的心智聯想能引起感情反應。政黨領導人的任務就是使這些自動的聯想盡可能清楚，被盡可能多的人占有，並引起盡可能多的強烈感情。要達到這個目的，最有用的莫過於政黨的彩色標誌。我們的老祖宗在識別語言以前就一定已經能識別顏色了，而簡單和較強烈的感情依附於一種顏色，比附著於一個詞彙更容易。那個枕頭上放著「雪菲爾星期三足球俱樂部」彩帶的死去的可憐男孩，以直率和眞摯的感情愛著那種顏色。

政黨樂曲的作用同樣是自動的，對於有音樂「耳朵」的人來說，作爲一種感情對象甚至比政黨的彩色標誌更有效。〈馬賽曲〉如今是法國的國歌，它作爲革命時期的黨樂，影響至鉅。即使現在，它在法國以外的地方也是一筆非常寶貴的政黨財富。格萊斯頓（Gladstone）首相[13]去世時，一個老資格的政治組織者曾在《西敏市公報》（*Westminster*

Gazette）上提出一個聰明的建議，主張把爲紀念死者而募捐來的錢拿出一部分充作最優秀進行曲的酬金，這支進行曲將永遠等同於自由黨。組織張伯倫關稅改革運動（Mr. Chamberlain's Tariff Reform Campaign）的能人，犯了少數錯誤，其中之一就是沒有創作一支哪怕勉強過得去的樂曲。

自發性僅次於彩色標誌或樂曲的，是用作黨名的一個或幾個字的最初和最簡單的意義所引起的感情聯想。一位希臘父親管他的小寶貝叫「無上光榮」或「好參謀」，政黨的創立者以同樣方式選擇其原義能引起固定感情聯想的名字。不過，一個政黨從開始存在和活動起就不斷創造新的聯想來代替名字的原始涵義。美國任何一個人使用共和黨或民主黨這些字眼時，絕不會想到它們在詞典上的意義。確實，誰要是這樣做，就會養成一種心理習慣，猶如讀希臘歷史而老是辨別像阿裡斯托布洛斯（Aristobulus）[14]和忒奧克里托斯（Theocritus）[15]這類名字的詞典意義的習慣一樣討厭而無用。因此，體現政黨政策的長

---

[12] 柏克，《對當前不滿情緒的思考》（*Thoughts on the Present Discontents*）（麥克米倫出版社，一九〇二年版），第八十一頁。

[13] 格萊斯頓（一八〇九—一八九八），英國首相、自由黨領袖。——譯註

[14] 阿裡斯托布洛斯，西元前四世紀末希臘歷史家。——譯註

[15] 忒奧克里托斯（前三一五—前二六七），古希臘詩人。——譯註

而確切的名字，很快就縮短爲具有從黨的實際歷史得出的新聯想的無意義音節。俄國的立憲民主黨人（The Constitutional Democrats）變成了Cadets，獨立工黨（The Independent Labour Party）變成了I. L. P.。另一方面，不太確切的政黨名字自動引起的自覺性較差的感情聯想可以保持得長久得多。德國國家自由黨人（The German National Liberals）在整整一個世代內是俾斯麥的寶貴助手，因爲他們的名字隱隱使人聯想到愛國主義和自由的結合。幾年前，當特蘭斯瓦爾（Transvaal）的礦山主們決定成立一個政黨時，他們也許經過愼重討論後，選中了「進步黨」（Progressive）這個名字。這個選擇眞是妙不可言。在南非，「進步」這個詞的原始聯想顯然很快就消失了，但在其他地方，它時常使人聯想到：珀西·菲茲派翠克爵士（Sir Percy Fitzpatrick）及其政黨具有和默金農·伍德先生（Mr. M'Kinnon Wood）及其在倫敦郡議會的追隨者一樣的民主同情心。任何人向一群其批評和推理機能已被充分啟動的聽眾講話時絕不會說，由於某些人自稱「進步黨人」，所以投票反對他們就必然是投票反對進步。但是，在感情聯想朦朧模糊的區域裡，如果一個好的名字引起的聯想是相當下意識的，那麼，這個名字就有眞正的政治價值。

相反，政黨的反對者們力圖給它加上一個會引起反感的名字。輝格黨（Whig）和托利黨（Tory）這兩個老名稱是反對派取的這類名字中突出的例子，也許持續了半個世紀才失去原有的辱罵性聯想。現代取的一些名字因爲涵義比較貼切，就不那麼成功了。「侵略主義者」（JINGO）倒有過一個罵人名字的某些暗示作用，但是「分離主義者」（Sparatist）、「小英格蘭人」（Little Englander）、「食物收稅人」（Food Taxer）這些說法，還是必須清醒地接受或不接受。

政黨和政治衝動之間的整個關係也許用廣告藝術來解釋最爲適宜。在廣告中，理智過程可以撇開其道德涵義予以注意，而廣告手法和政黨手法在方法上愈來愈相似了。政治海報同商品或戲院廣告並排張貼在一起，由同一位設計師操刀，遵照同一經驗主義的藝術規律。因此，我們姑且設想：一個資本家認爲茶業有開展一場大規模廣告攻勢的好機會。世界上的茶葉就和人類的政治見解一樣，品種繁多且變幻莫測。每一個茶園中的每一片茶葉都和另一片茶葉不同，而一個星期的潮溼天氣就可能改變任何倉庫中的全部存貨。因此，廣告者應如何創造一種商業上的「實體」，一種人們能思索、感知的「茶葉」呢？若是在一百年前，他會針對他的貿易機會和經營方法發表許多樂觀而詳盡的聲明。他會在報上刊登一則啟事，說是「威廉·瓊斯（William Jones）在一群有經驗的採購員的協助下，將參加東印度公司的茶葉拍賣，將最佳中國茶園生產的茶葉分裝小包，以不高於百分之五的利潤零售給主顧」。不過，這種做法是公開訴諸批判性理智，如今要根據批判性理智予以評價。我們不可認爲瓊斯先生是他的貨物的優良品質的公正見證，也不可認爲他有充分動機——即使可以賺更多錢——也仍舊恪守關於百分之五獲利率的諾言。

因此，今天這樣一位廣告者會利用我們自發和潛意識的聯想來達到目的。他會想出一個名字，比方「帕拉馬塔（Parramatta）[16]茶葉」，這個名字會在絕大多數人心中產生一種關於東方熱帶國家的模糊聯想，還有一節關於澳大利亞地理課的潛意識記憶。然後他會結合這個名字製造一種自發的圖畫形象，這個形象具有它以往所有的感覺聯想。等到十萬英鎊廣告費已經巧妙地用掉時，英國任何人看到一個包上的「帕拉馬塔」字樣時，都難免會有一種想購買的模糊衝動，這種衝動奠基於對他祖母的回憶，或對英國艦隊的回憶，或對一位美麗的英國少婦的回憶，或對任何一種由於能引起信任或愛戴的聯想而被廣告者選中的主體回憶。當音樂在英國公共教育中發揮更大作用時，可能有效地利用音樂來做廣告，那時「帕拉馬塔主題」將會在所有默劇中出現，同一支比方關於〈戰士凱旋〉（*The Solder's Return*）的歌掛鉤，而且將在所有的食品店裡用留聲機哇啦哇啦地播送。

這個例子對澄清思想有莫大好處，因爲至今沒有這種「帕拉馬塔茶葉」存在，甚至哪種茶葉將用這個名字供應的問題也沒有解決。帕拉馬塔茶葉依舊十足是個商業實體。以後可能決定把品質極差的茶葉以很高的利潤出售，直至名字最初引起的聯想逐漸被失望的聯想所取代。或者也可以決定用這個名字在不同地方賣不同茶葉，並大力推銷那種「風行」的香味。但看板上另外還有許多動聽的茶葉的名字，能引起嬰兒、哈巴狗和倫敦塔等聯想。如果想發展一項永久性的買賣和這些茶葉競爭，最聰明的恐怕是供應一種品質相當劃一、具有可作爲它的「內涵」的獨特香味的茶葉。最大的困難是民眾的口味變了，這種香味不再受人喜愛而銷路一落千丈。董事們可能認爲最穩當的辦法是繼續把舊款香味的茶葉銷售給人數日益減少的主顧，也可能逐漸用另一種香味取代，甘冒風險，讓那些說「這不是眞正的帕拉馬塔茶葉」的家庭主婦的人數被那些說「帕拉馬塔茶葉品質提高了」的家庭主婦的人數抵銷。如果人們根本不願購買舊款香味的茶葉，而寧可購買換了一個新名字、具有新香味的茶葉，帕拉馬塔茶葉公司就必須乖乖地退出市場，就跟一個企圖以舊瓶裝新酒的宗教終歸於失敗一樣。

所有這些情況對政治家而言，就像對廣告者一樣熟悉。政黨候選人初次露面時，在大多數選民眼裡不過是一個貼有自由黨或保守黨名字的包裹。那個名字會引起色彩和音樂的聯想，也會引起傳統習慣和感情的聯想，這些聯想一旦形成，就獨立於政黨的政策而存

【16】帕拉馬塔，澳大利亞地名。——譯註

在。除非他佩戴政黨的標誌——除非他像美國人所說的是一個「正規」候選人——否則，不僅那些習慣和感情會與他隔絕，他還會感到，要在選民面前作爲一個有形的實體出現，是萬分困難的。一部分選民——其人數在不同時候和不同地點有很大差異——會投票選擇他們黨的「正規」候選人，而不問其綱領如何，然而對於其餘的選民，這位候選人必須同時提出一個能夠代表黨的政策綱領，這個綱領對提名委員會而言更是永不可少的。但是，無論如何，只要他是一個政黨候選人，他必須記住他是以候選人資格說話和行事的。選民之所以能夠和他一樣地想，一樣地感受，僅是因爲他們對他的黨抱有偏愛和期望。當他上臺演說時，他和他的聽眾間隔著一張政黨的面具，這張面具比他自己的臉大而呆板，就像那個使演員們在希臘巨型露天劇場能被觀眾看到和聽到的面具一樣。如果他不再能眞心實意地扮演這個角色，他就必須退出舞臺，或戴上另一個政黨的面具登臺演出。

政黨領袖們還必須永遠記住，他們所控制的組織是一個存在於選民的記憶和感情之中，不受他們自己的意見和行爲支配的實體。這並不是說政黨領袖不能眞誠。作爲個人，他們的確只能在隨時準備失去政治生命的情況下保持政治生命。有時候，他們甚至必須冒他們的黨自身垮臺的危險。當羅伯特．比爾爵士（Sir Robert Peal）[17]於一八四五年改信自由貿易時，他必須決定他和他的朋友們到底應該透過脫離托利黨而將它一舉摧毀，還是應該澈底改變托利黨的政策，使它變得即使在習慣和聯想的潛意識推理中也難以認出它就是人們四年前曾對之投票贊成並爲之工作的那個實體。無論在哪種情況下，比爾所做的事都不同於就當時的一個問題表達個人意見，而是要嚴重得多。然而，如果他認識到這點，爲了保全他的黨而繼續鼓吹穀物稅，就會失去他本人作爲政治家的全部力量，甚至他的黨的價值也將喪失無遺。

今天，如果一個神以洞察人類所有事物的力量從天上俯視人間，他可能會像當我執筆爲文時許多報紙主筆正在問的那樣說：「影響如此眾多生靈的社會主義究竟是什麼？」他可能會自己提出一個定義作爲回答，這個定義可大致解釋如下：「一個爭取更大社會平等的運動，其力量依靠三大因素：勞工階級日益增強的政治力量，各階級成員日益增強的社會同情，以及以科學方法日益增強的權威爲基礎的、社會布局可用有意識的計畫予以改變的信念。」他會看到人們正在努力透過種種關於稅收、薪資和調節管理或集體管理的建議來促進這個運動，有些建議將被證明是成功地適應於人類存在的各種事實，有些建議則因爲沒有一個國家願意進行試驗，或因爲試驗失敗最後只好放棄。但是他同樣也會看到，這

【17】比爾（一七八八－一八五〇），英國首相、托利黨領袖。——編按

個從無數社會主義建議和願望中概括出來的關於一個多方面的、經常改變的運動的定義，並不是多數擁護者心目中的「社會主義」的寫照。對於一樣人們可能喜愛並願爲之工作的東西的需要已爲無數勞工創造了一種人格化的「社會主義」，一個目光嚴厲、寶劍出鞘、長著一對翅膀的女神成了世界的希望以及受苦者的救星。對於一樣人們能絕對眞誠和肯定地使用的思想工具的需要又造就了另外一種社會主義，不是人格化，而是決定性的和命令式的教條。這樣一種教條於一八八四年出現在英國，威廉·莫里斯以他漂亮的書法把海德曼先生（Mr. Hyndman）[18]的談話記錄了下來。三年後，正是這個意外的發現使一個稍識文墨的勞工噙著眞正謙恭的眼淚對我說：「眞奇怪，天下所有聰明的讀書人都不懂得這個輝煌的眞理，偏偏讓我一個人懂得了。」

與此同時，社會主義永遠是平常說話和寫作中使用的一個詞彙、一個象徵。一百年以後，它可能步它的祖先們——平均主義（Leveller）、聖西門主義（Saint-Simonism）、共產主義（Communism）、憲章主義（Chartism）——的後塵，可能只存在於一個後來發生其他變化並改用其他名字的運動的歷史中。另一方面，它也可能像共和政體繼續存在於法國一樣，成爲硬幣上和公共建築物上一個運動的名稱，這個運動經過許多失望和幻滅後，終於勝利地作爲一個政府建立起來。

但是，一個詞彙在平常談話中的使用只是各個人、特別是那些把它當作黨的名字接受的人使用的結果。只要運動眞正活著，他們當中的每一個人都會發覺，雖然這個詞彙非用不可（否則運動在政治上就不存在了），但是它的使用卻經常產生難題。任何人把一個詞彙在明顯不同於一般用法的意義上應用於自己或他人，以致肯定或可能使人感到他是在製造一種虛假印象，當然會被指責缺乏眞誠。但是，也有些時候，巨大的實際效果可能取決於擴大使用一個其作用正在縮小的詞彙。研究過宗教史的「現代主義」羅馬天主教徒用「天主教」（Catholic Church）這個詞彙來表示一個經歷過各種理智階段、其生命力依靠將來有合理變化自由的團體。他因而自稱是一個天主教徒。另一方面，對於教皇及其顧問們來說，教會是一個基於不變的啟示的不變奇跡。在他們看來，提勒爾神父（Father Tyrrell）[19]（他自命「信」天主教，雖然他分明不信那些構成原始啟示的事情眞會發生）根本是個說謊者，爲了自己的欺騙目的而盜用他們的名義。他們不理解他，猶如德國社

[18] 海德曼（一八四二—一九二一），英國社會黨主席。——譯註

[19] 提勒爾（一八六一—一九〇九），愛爾蘭天主教耶穌會教士，現代神學派主要成員，主張用歷史和批判的方法研究神學，化名著書抨擊教權至上主義，招致教皇李奧十三和庇護十世的反對。——譯註

會民主黨中信奉教皇至上主義者不理解伯恩斯坦（Bernstein）及其現代主義盟友。另一方面，伯恩斯坦本人必須作出選擇：到底是讓社會主義這個詞彙開放使用，還是最後只好放棄——因為他主張使用這個詞彙徒然造成厭惡和思想混亂。

有時候，一個有非凡個人力量和表達力的人可以說本身就是一個黨，一個政治實體。但他可以為自己塑造一個永久、可識別的面具，如「誠實的約翰」或「了不起的老人」。但是這照例只有那些瞭解自己工作主要狀況的人才能做到。事實是：一個政治家的智力經歷要被民眾銘記於心，必須基於頑固地堅持一成不變的見解，或基於一個緩慢、簡單和一貫的發展過程。多數人對政治的冷漠態度就像一張作用極其緩慢的照相底片。誰要想拍一張清晰逼真的相片，必須以同一個姿勢在它前面站好一段時間——一隻鳥從底片前飛過是不會留下任何痕跡的。

格萊斯頓在一八六八年寫道：「有些人的見解被民眾奉為圭臬，這些人如果改變見解，對於國家誠為不幸，儘管這種不幸要比他們明知錯誤而仍堅持己見輕得多。這不一定要受譴責，但必須多加注意，要予以反對並靜觀後效。」[20]大多數政治家既避免因公開改變見解而失去勢力，也避免因公開堅持一個已私下放棄的見解而失去身分，他們不僅仔細考慮自己結論中的每一個改變，而且除了那些業已成熟可立即付諸行動的問題以外，對其他所有問題遲不表態，儘管這往往被看成怯懦和荒唐可笑。所寫或所報導的話被保留下來，成爲除了他本人之外，政治家總是在建立、破壞或改造的實體的一部分。

同樣的情況作用於政黨和政治家以外的其他政治實體。如果報紙要作爲一支政治力量存在下去，就必須給人一種印象，似乎它天天恪守一個始終如一的見解。作者們按照報社的性質撰稿，這不僅是因爲必須遵守編輯部的紀律，也是出於被人理解的本能願望。如果這家報社被賣給一個持不同意見或希望鼓吹不同意見的業主，它必須坦率地宣稱自己是一樣新東西，或以緩慢而嚴肅的爭辯步驟使新觀點顯得是老觀點的必然發展。因此，一位資本家爲了利用一份報紙以往的影響力去加強一個新運動而買下這家報社，他所做的事必須按照與判斷購買那麼多印刷機和紙張的道德標準不同的標準來判斷。他可能在破壞一樣東西，那樣東西對無數生活在一個若非如此就難以理解的世界裡的普通老百姓曾經是一個穩定和可以理解的實體，並曾獲得像一個演說家或一位君主曾激發的那樣眞實的感情和信任。

【20】格萊斯頓，《拾遺集》（*Gleanings*），第七卷，第一百頁。引自《莫利傳》（*Morley's Life*），第一卷，第二一一頁。

第三章　政治中的非理性推理

人總是按照對本身利益的明智見解行事的假設，是與我們的政治和經濟思維習慣緊密地交織在一起的，這個假設又可分爲兩個獨立的假設：第一，人總是按照對達到一個預定目的的最佳手段的推理行事；第二，所有推理都是同一類型，由同一「論證」過程產生。

在前兩章中，我論述了第一個假設，並力圖說明，一個政治家必須懂得人並不總是按照對目的和手段的推理行事的。我申辯說，在政治中，人往往在感情和本能的直接刺激下行事，感情和興趣可能針對那些與我們借助有意觀察分析而發現的周圍世界的實際情況大不相同的政治實體。

在這一章中，我要研究第二個假設，並弄清楚，人的確是對他們的政治行爲結果作出判斷的，但說他們總是用理性推理來作出判斷，這種說法究竟正確到什麼程度。

要弄清楚這一點，首先碰到的困難是，要對推理下一個明確的定義是很難的。誰要是注意自己內心的活動，就會發現各種心理狀態間的明顯區別，心理學書籍上講得似乎明明白白，但眞要去追究，卻絕不是一件容易的事。人的頭腦就像一把豎琴，所有的琴弦都一起振動；因此，感情、衝動、推理以及稱爲理性推理的那種特殊推理，往往都是單獨一種心理體驗的許多同時發生、互相混合的面向。

這種情況在行動和興奮的時刻猶然；但是當我們沉思默想時，常常覺得難以斷定，我們的一連串意識狀態是稱爲感情還是推理最爲適宜。當我們的思想明顯地屬於推理型時，常常很難說它的各個步驟到底是不是由一個如此明確的探明眞相的目的控制，以致可稱爲推理。

甚至當我們抱著一個明確目的苦思時，也並不總是作出推斷或形成信念。如果我們忘記一個名字，我們就念字母表，每個字母都停頓一下，看看需要的名字會不會想起來。當我們聽到壞消息時，我們拚命讓一連串心理聯想自動出現，藉以認識這個壞消息，並等著發現這個消息對我們意味著什麼。一個詩人以高度的創造力思考他頭腦裡出現的許多形象並加以安排，他這樣做不是爲了發現眞理，而是爲了達到一個藝術和戲劇的目的。例如：在《暴風雨》（*The Tempest*）普洛斯彼羅（Prospero）的精彩說白裡有一連串形象——入雲的樓閣、瑰麗的宮殿、莊嚴的廟堂、偉大的地球自身——它們之間的關係不是推理，而是幻想，這種幻想被創造力加強，服從詩人的意圖。

確實，我們在任何一天裡所作的實際推理，比起某些較高形式的非推理聯想，絕大多數都屬於一種水準低得多的思維。我們的許多推理，就像它們所伴隨和改變的準本能衝動，是在我們根本不作有意識努力的時候發生的。人看見一塊石頭掉下來，身子就向後跳。在這種純粹本能的動作中，跳的衝動以及石子掉下來有危險的推理，只不過是同一個無意識過程的兩個名稱。既可以說是本能衝動，也可以說是本能推理；例如：我們憑藉一個本能的心理過程，根據眼部肌肉的聚焦活動以及兩個視網膜上實像間的差異對物體的距離和體積作出推理。我們並未意識到據以作出這些推理的方法，即使我們明知道立體照相機裡的雙重照片是平的，或知道魔術師把兩面聚光鏡放在桌子底下，我們也只能說照片「好像」是立體的，或說我們「似乎」直接看到了桌底。

整個推理過程，無論是理性還是非理性，確實都立足於這樣一個主要事實：一種心理狀態可能引起另一種心理狀態，因爲兩種狀態在個人歷史上曾經聯繫在一起，或兩種狀態之間的聯繫在種族歷史上證明是有用的。一個人牽了他的狗在街上溜達，他們向右彎或向左彎，緩慢或急促地穿越馬路，辨別自行車的鈴聲和馬夫的吆喝聲，並相應採取行動，所有這一切都是用同一個推理過程來指引同一些衝動。他們的推理基本上是不費什麼力氣的，雖然有時候人和狗也會停下步來，以無言的思考解決一個問題。只有遭逢必須作出影響生命中比較深遠的目標的決定時，人才進入一個截然是理性思考的領域，狗無法跟他進入這個領域。人在該領域裡使用語言，對自己的邏輯方法多少有點自覺。

但是，把自動聯想作爲思想工具來推理的弱點是：兩個聯想中隨便哪一個聯想都會引出另一個聯想而不問它們之間的邏輯聯繫。果引出因，就像因引出果一樣容易。一個處於催眠狀態的病人的推斷最快也最豐富，但是他向後搜尋蹤跡就像向前一樣容易。把一支匕首放在他手裡，他會以爲自己已經殺了人。看見一只空盒子，他會以爲已經吃過飯。如果聽其自然，他可能會把日常事務做得井井有條。但任何瞭解他情況的人，都能使他胡作非爲。

同樣地，當我們做夢時，我們透過聯想作出荒唐的推論。輕微的消化不良引起的不適感會產生一種念頭，似乎我們要對一大批聽眾講話卻忘了帶講稿，或似乎是穿了睡衣在布萊頓廣場（The Brighton Parade）散步。即使當人們醒著的時候，他們頭腦中那些暫時沒有被他們充分注意的部分，也容易作出同樣不合理的推論。一位成功地使觀眾的注意力集中於看他右手在做的事情的魔術師，可以使觀眾從他左手的動作得出非理性的結論。處於強烈宗教感情狀態的人，由於血液迴圈增強，往往覺得耳內嗡嗡作響。一個風琴手在演奏三十二個琴鍵能製造同樣的感覺，能藉以使會眾產生一種朦朧而半醒的念頭，似乎是在深刻體會宗教感情。

所有這一切的政治重要性在於這樣一個事實：大多數人的大多數政治見解並非受經驗檢驗的推理結果，而是習慣所確定的無意識或半意識推理的結果。習慣在政治中顯示的力量，主要是形成各種思路。在我們的其他各種活動中，習慣主要是一個肌肉適應問題，但政治的肉體動作絕少發生，難以確立一樣類似習慣的東西。有時可以看見一個其政治見解已被三十年心理習慣磨練得十分圓滑的體面選民在投票，他在選票上畫記號和把選票折起來時笨手笨腳的樣子，活像一個第一次拿到練習簿的小學生。

有些人甚至最看重他們的那些起源同有意識推理毫無關係的見解。巴里先生（Mr. Barrie）的鮑伊·哈格特（Bowie Haggart）[1]說：「我認爲彭斯（Burns）[2]的作品有一種不道德的傾向。這些作品我自己沒有讀過，但我的看法就是如此。」他說這話是把讀彭斯的作品可能產生的理性結論，同他頭腦裡已有的關於彭斯作品的想法進行比較，這種想法由於他不知道是怎樣產生的，因此對他而言更加神聖，更加完全是他本人的論斷。

這樣無意識地形成的意見，是我們日常生活事務中一個相當可靠的指導。物質世界並不經常故意欺騙我們，我們的最終信念乃是無數個獨立的、瞬間的推理的結果，其中正確的推理比謬誤的推理多，也比謬誤的推理更有可能存在下去。但是，即便在我們的私人事務中，我們的記憶也容易消失。我們常常能夠記住兩個念頭間的聯想，而忘掉產生那種聯想的原因。我們頭腦裡有個模糊的印象，似乎辛普森（Simpson）是個酒鬼，卻回想不起是否有理由可以相信，或是否有人對我們說過辛普森有個親戚發明了一種解醉酒的妙藥。如果聯想是靠一句生動的話記住的，如果從未清醒地注意過它的來源，那麼，我們可能感到自己有一個極其鮮明的信念，如果有人對這個信念進行盤問，我們卻什麼也答不上來。例如：我們聽見維多利亞女王時代早期一個主教叫「滑頭山姆」（Soapy Sam），這樣聽了五、六次以後，我們就對他的性格深信不疑，無需進一步的證據。

在一般情況下，這個事實並沒有多大害處，因爲一個名字除非被許多人眞正當作恰到好處，就不大可能「受歡迎」；而除非「受歡迎」，我們就不會聽到一次或二次以上。但是，在政治中，就像在魔術業中，往往值得花不少精力去製造這樣一個效果，而不必等這個念頭單靠偶然的重複印入人們的頭腦。我已經說過，各政黨力圖透過有組織的心理聯想來相互取綽號。例如：假使「飯桶」（Wastrel）這個字眼有一天早晨出現在《每日郵報》（*Daily Mail*）的頭版大標上，作爲郡議會競選期間進步黨的綽號，一個乘公共馬車從普特尼（Putney）去銀行的人，有意無意地至少看見一百次，到旅程結束時就會形成一個相當牢固的心理聯想。如果他動一下腦筋，就會明白，這個字眼不過是單獨一個人決定使用的，但是他並不去動腦筋，這個字眼對他的效果就好比一百個人各自獨立使用一樣。

---

[1] 英國劇作家、小說家巴里（一八六〇—一九三七）的小說《田園生活》中的主人公。——譯註

[2] 羅伯特·彭斯（一七五九—一七九六），蘇格蘭詩人。——譯註

報紙的頭版大標由於節省篇幅，本來是簡短的，現在卻發展到有把我們的街道（如同一本美國雜誌的廣告頁）變成無意識地產生永久性聯想的心理實驗室之虞。「又一次德國的侮辱」、「基爾·哈第（Keir Hardie）[3]的罪惡」、「巴爾福食言」，都打算作為現成的見解記在人們心裡，而且已經記在心裡了。

所有這一切都適用同一個產生衝動的規律。近似感覺、近似較古老的進化史上的東西；既會產生一種更有力的衝動，又會產生一個更現成的推論。當一個新的候選人初次向他的選民露出像老朋友那樣的微笑時，他不僅像我在上一章說過的那樣觸動了一種古老而直接的人類感情的本能，而且還產生一個朦朧的意念，似乎他是一個老朋友；他的代理人只要沒有說過任何足以引起批評和理性注意的事情，甚至可以暗示這一點。到集會結束時，人們竟會要求為「親愛的老瓊斯」三呼萬歲[4]。

幾年前，G. K. 切斯特頓[5]先生（G. K. Chesterton）從一篇關於美國選舉的雜誌文章裡引用了這樣一段話：「對於美國勞工聽眾來說，一個小而合理的常識往往比長篇大論作用更大。在上次總統競選中，一個演說者在提出他的論點時，把釘子釘進一塊木板，結果為他的一方贏得了好幾百張選票。」[6]「合理的常識」並不是切斯特頓先生認為的那樣把釘子作為一種邏輯論據提出來，而在於演說者懂得如何給非邏輯推理增添力量以及願意使用那種知識。

一個生動的聯想一旦形成，就陷入一大堆心理歷程之中，嗣後可能經受發展和變化，與清醒的推理沒有什麼關係。曾有人告訴我說，當提議在英國發起一場反對將中國契約工輸入南非的運動時，一位重要人物說：「沒有人會投票贊成。」但運動還是開始了，並且基於這樣一個理性的論點：法令規定的條件等於把一種相當殘酷的奴隸制強加於絕頂聰明的亞洲人。不過，誰要是留心一九〇五至一九〇六年冬的政治，就必然注意到，廣告看板上畫的中國佬使許多選民頓時激起了一種對黃種人的憎恨。這種憎恨轉移到了保守黨身上，到一九〇六年大選結束時，勞工聽眾前的幻燈片上突然映出一個中國佬的畫像，立刻就會引起一陣痛罵巴爾福先生的哄鬧。

【3】基爾．哈第（一八五六—一九一五），英國右翼工運者。——譯註

【4】一個訓練有素的售貨員的能耐多半取決於他對這類心理事實的經驗知識。我認識的一個小女孩第一次獨自一人到商店購物時帶回了一支她自己也認為難看至極的照相架，她向我解釋說：「售貨員的表情好像這是我自己挑中的，我就出錢把它買下了。」但是她的解釋乃是記憶和反思的結果。當時，在售貨員巧妙的暗示下，她還以為真是她自己挑中的。

【5】切斯特頓（一八七四—一九三六），英國評論家、詩人、散文作家和小說家，著有時事評論集《異教徒》，反映他在南非戰爭中堅決袒護布林人的觀點。——譯註

【6】G. K. 切斯特頓，《異教徒》（*Heretics*），第一二二頁。

不過，在大選後，保守黨記憶中的廣告看板上中國人的臉，就逐漸和曾經利用這些臉的自由黨人等同起來。大選時我曾在一個選區服務，我方曾在那裡貼過不少這類海報，結果我方競選失敗了。一年後，我在同一選區作倫敦郡議會的候選人。在投票結束前一個小時，我以投票日疲勞的不自然清晰度，在選區委員會辦公室的窗前看到一張大白臉，同時聽到一個刺耳的聲音吼道：「你那該死的辮子在哪裡？上次我們把它剪掉了，現在我們要把它繞在你的脖子上，把你勒死！」

一九〇七年二月郡議會選舉期間，倫敦廣告看板上出現了無數張海報，目的在製造一種信念，即郡議會的進步黨議員是靠詐騙納稅人過活的。如果如實發表這樣一個聲明，就是訴諸批判性理智，可能會引起爭端甚或官司。但這張海報是訴諸潛意識的推理過程。海報上畫著一個顯然代表進步黨的人，用一個粗短的手指指著說（意思相當含糊，以免犯誹謗罪）：「我們要的是你們的錢。」這張海報妙在充分利用這樣一個事實：大多數人是按照對於一個被控犯詐騙罪的人的外貌的一連串迅速而無意識的推理來判斷控告的眞偽。如果從畫中人所戴帽子的形狀、他的錶鏈和戒指的樣式、不整齊的牙齒以及紅鼻子來看，分明是個職業騙子。我猜想這是出於一個美國畫家的手筆，他的臉和衣服有點像美國式，這在下意識聯想領域裡進一步向多數目睹者暗示了坦慕尼協會。這張海報是極其成功的，但是，現在選舉已經結束，它就像中國人的畫像一樣，似乎將繼續發揮一種非理性的移情作用。人們注意到，一個進步黨經營的晚報，每當要暗示穩健派受不當金錢動機的影響，就把這張畫縮小了登在報上。我本人感到它使我聯想起那個勸鐵路公司和其他人爲他出錢的精力充沛的政客，政客本人的儀表可能使人想起英國紳士的最佳傳統。

撰寫《群眾心理學》的作家們曾指出興奮和數量在以非理性推理代替理性推理中的作用。不過，任何一個阻止一個人充分注意其心理過程的原因，都可能產生極端的非理性推理。我認識兩個人，他們具有做委員會工作的眞正才能。我時常留心觀察兩人中的任何一人在小組委員會上控制同事的方法。這種方法在下午快過去時最有效，因爲那時委員們已經累了，一整天打起精神聽一個發言人滔滔不絕地講一大堆不熟悉的芝麻綠豆小事，已經有點昏昏然了。如果在那個當口，領頭的人稍稍加快講話的節奏，稍稍強調大家完全理解他的意思，他就可以至少使他的幾個同事處於一種恍惚狀態，使他們欣然同意這樣一個主張：使私立學校長存不廢的最好辦法是立即大量增加公立學校的數目。

時常有人爭辯說，這種非理性推理只不過是我們政治思維的皮毛，而負責的政治決定，無論正確與否，永遠是有意識推理的結果。例如：美國的傳統唯理智論型政論作家往往面對這樣一個事實，就是全國黨代表大會代表們在挑選總統候選人和制定政綱時，不是處於一種可以檢查他們自己的心智過程的有效邏輯狀態。因此，這些作者認爲，總統的眞正人選不是由群情激昂的代表大會決定，而是直接由來自美國家庭的寧靜殿堂的選民決定的。

加菲爾總統一在一八八〇年對共和黨代表大會發表的演說中，有一段經常被引用的話闡明了上述觀點：

「我看見過大海怒濤滔天，浪花飛濺，它的宏偉壯觀，使最愚鈍的人也爲之動心。但是我記得，所有高度和深度都不是根據巨浪，而是根據平靜的海面測量的……共和國今後四年的命運不是決定於集合在這裡的一萬五千位才華橫溢的男男女女……而是決定於共和國的四百萬個家庭，在那裡，有創見的選民們懷著家庭和國家之愛所激發的思想，懷著過去的歷史、未來的希望以及對那些在過去時日裝點和賜福我們國家的人的知識，和妻子兒女團聚在一起。在那裡，上帝將作出決定我們今晚工作的睿智判決。」【7】

但是，無論在美國還是英國，這種天才的大智者其實往往不過是個疲憊的戶長，每天看看黨報的大標和個人簡訊，半自覺地養成無謂猜疑或民族驕橫的心理習慣。的確，在競選期間，人們常常感到，偉大的思想在大規模的集會上能夠以所有感情力量表達，因此一些深刻的政治思想畢竟還是在大規模集會上最有機會獲得賞識。

一個選民在閱讀報紙時不僅可能採納政治見解，而且還可能吸收一系列政治論點（靠聯想，並由於一再重複而成爲習慣）；他不一定感到必須把它們和他心中已有的其他一系列論點作比較。一位律師或醫師會根據一些籠統的原則爲他自己行業中最極端的工會主義辯護，同時又完全贊同向作爲鐵路公司股東或納稅人的他發表的對工會主義的譴責。同一些聽眾往往既可以透過「父母權利」使之爲宗派的教誨歡呼，又可以透過「信教自由」使之對這種教誨嗤之以鼻。我認識一位最有本領的政治觀察家，他在談到報業組織的一次攻擊時說：「據我所知，攻擊和辯護使用的每一個論據都各有各的效用。它們絕少謀面，哪怕是對準同一個人的。」因此，從純粹策略觀點來說，林德赫斯特勳爵（Lord Lyndhurst）的一段名言：「千萬不要在群眾大會上爲你自己辯護，除非是對批評進行反擊；聽眾沉浸在攻擊帶給他們的樂趣中，會忘掉以前的指責」，是意味深長的[8]。

【7】康威爾（R. H. Conwell），《加菲爾傳》（*Life of J. A. Garfield*），第三二八頁。

【8】格萊斯頓，《莫利傳》，第一卷，第一二三頁。

第四章　政治推理的材料

但是，幸好人的思維並不完全依靠他非常容易產生、而且是他和高等動物共有的直接聯想所產生的那種推理。人類文明所以能夠不斷發展，超出它的啟蒙階段，乃是因爲發明了一些思考方法，這些思考方法使我們能解釋和預測自然的作用，成就比我們如果在運用頭腦時，只走阻力最小的路更大。

不過，這些思考方法應用於政治時，仍舊代表一種困難而不可靠的技術，而不是代表一門以機械精確產生效果的科學。

當古希臘的偉大思想家爲有效推理制定規則時，他們心中確有特殊的政治需要。當柏拉圖的幻想洞穴中的囚犯們被眞正的哲學解放後，他們必須致力於爲國家效勞，他們的第一個勝利將是在政府領域裡以理智控制感情。然而，如果柏拉圖今天能來訪問我們的話，他會發現，我們的玻璃器皿匠正在用嚴密而大膽的方法取得精密的效果，而我們的政治家卻像古雅典的玻璃器皿匠一樣，仍舊相信經驗主義的格言和個人技能。他會問我們，爲什麼有效推理在政治中要比在自然科學中難得多？

我們的第一個回答可能在於政治推理必須處理的材料的性質。出現在我們的理智中的宇宙，是和出現在我們的感覺和衝動中的宇宙一樣的——川流不息的知覺和記憶，其中每一個都不同於另一個。在它們面前，除非我們能夠選擇、識別和簡化，否則我們就束手無策，既不能行動，也不能思考。因此，人必須創造實體作爲他推理的材料，正如他創造實體作爲他感情的對象和本能推理的刺激一樣。

精密的推理需要精密的比較。在沙漠或森林裡，是沒有什麼東西可供我們的祖先作精密比較的。誠然，天體曾是有意識的精密推理的首批對象，因爲它們是那麼遙遠，除了方位和運動之外，對它們一無所知，而方位和運動可以夜復一夜地作精密的比較。

地球學的創立同樣來自兩個發現。第一，能夠從所有無論多麼不同的事物中歸納出一些單一的特質（如方位和運動），並將它們同那些事物的其他特質作精密比較；第二，爲了作比較，能夠人爲地製造一些眞正的劃一，也就是說，從不同的事物中製造如此相同的事物，以致可以對它們在相同環境中的表現作出有效的推理。例如：幾何學爲人類服務，是人們自覺認識到，所有的陸地和海洋單位就它們是延伸的面這點來說，是完全一樣的。另一方面，冶金學只有到了人類能夠眞正從兩塊形狀和外表以及化學成分都不同的銅礦中提煉出兩塊極其相似、用同樣方法處理會得出同樣結果的銅時，才成爲一門科學。

這第二種掌握材料的本領，政治學研究者是永遠也不會有的。他永遠不能在人類中製造一種人爲的一致。即使經過二十代的教育或選種，也不能使兩個人相似得使他可以相當有把握地預言他們在相同的環境裡會有相同的表現。

那麼，政治學研究者的第一種本領又如何？他在什麼程度上能從人類的各種事實中歸納出一些特質，使人們相似到可以進行有效的政治推理？

一七八八年四月五日，攻占巴士底獄的前一年，當時是美國駐英大使、後爲美國總統的約翰・亞當斯給友人寫信，信中談到全歐洲「正在爲政體問題騷動不已」。他說，人們在問：「政體是不是一門科學？它的建立有沒有什麼原則？它的目的爲何？如果眞的什麼規則、標準也沒有，那麼一切都必然是偶然和巧合。如果有標準，這個標準是什麼？」

在政治思想史上，人們一再認爲自己已經找到了這種「標準」，亦即像任何東西都可以秤重這個事實之於物理學，以及任何東西都可以測量這個事實之於地理學一樣的人與政治的關係。

過去有些最偉大的思想家曾從人類生存的終極原因中尋找這種標準。每個人的確都和任何其他人不同，但這些不同似乎都與一種完人有關，雖然很少人接近完人狀態——沒有一個人達到完人狀態——但是這種狀態是所有人都能理解的。柏拉圖問道，這是不是就是上帝所創造並安置在天堂裡的人的原型——「理念」？如果回答是「是」，人們透過細心的推理和深刻的思考瞭解了那種原型，就能得出一門有效的政治學。從今以後，所有瞬息即逝、千變萬化的感覺事物都可以按照它們和永恆的、不可改變的上帝意志的應有關係來領會了。

或者，人與上帝意志的關係不是被想像作原型與摹本之間的關係，而是表現在制定的法律中的立法者意志與法律所應用的個別事例間的關係。洛克認爲，透過思考世界上的各種道德事實能夠學會上帝的法律。那種法律授予我們在上帝的法庭上辯護的某些權利，從中可以推斷出一種有效的政治學。我們認識我們的權利，就和認識上帝的法律一樣肯定。

洛克寫道：「人是萬能的和無限智慧的造物主創造出來的，是一個至高無上的主宰的僕人，奉他的命來到世上爲他做事；人是他的創造物，是他的財產，是他的而非彼此的意志使他們存續；人具有同樣的機能，生活在同一個自然界裡；正因爲如此，不能設想我們之間有任何從屬關係，使我們有權彼此毀滅，彷彿我們生來是供彼此利用，就像低等動物生來是供我們利用一樣。」[1]

當美國獨立戰爭的領袖們在尋找反對喬治三世的鑿實論據時，他們同樣在「上帝賦予人類某些不可剝奪的權利」這個事實中找到了它。

[1] 洛克，《政府論第二篇》（*Second Treatise of Government*），一六九〇年，一八二一年版，第一九一頁。

盧梭和他的法國信徒們把這些權利安置在一個假想的社會契約基礎上。人類的權利基於契約，猶如大象站在烏龜背上；儘管契約本身和烏龜一樣，是什麼都支撐不了的。

在這一點上，邊沁在人類幽默感的支持下，把從天賦人權推斷出來的整個政治學概念扔在一旁。他問道：「天賦人權是什麼？尤其在造物主最多的無神論社群中，造物主又住在哪裡？」

邊沁本人認爲他已經在所有人都尋求快樂而逃避痛苦這個事實中找到了標準。在這一點上，人是可以相衡量和比較的。政治學和法學因此可以跟物理學或化學在同樣意義上成爲實驗科學。邊沁寫道：「我目前的著作，還有其他已經發表或行將發表的關於立法問題或道德科學任何其他部門的著作，都試圖把試驗的推理方法從自然科學擴充到道德科學。」

邊沁的「快樂和痛苦」標準在許多方面是比「天賦人權」前進了一大步。首先，它奠基於一個眾所公認的事實：所有人顯然都求樂避苦。這個事實在一定程度上是可以測量的。例如：可以計算今年一次印度饑荒的災民人數，並把它與去年的災民人數相比較。同樣明顯的是，有些痛苦和快樂比其他痛苦和快樂來得強烈，因此同一個人在特定的幾秒鐘裡可以體驗到不同數量的快樂或痛苦。尤其是，快樂和痛苦的標準對於政治思想家本人是客觀的。約翰．斯圖亞特．彌爾引用了邊沁在談到所有一切和他的功利主義相抗衡的哲學時說的一句話：「它們都千方百計回避運用任何客觀標準的義務，而勸讀者把作者的感情或意見當作論據本身加以接受。」

因此，一個邊沁主義者，無論他是個像格羅特（Grote）或莫思渥斯（Molesworth）那樣的議會議員，還是個像查德維克（Chadwick）那樣的官員，還是個像法蘭西斯．普萊斯（Francis Place）那樣的做組織工作的政客，總是能透過研究關於居住在大英帝國的各個階級和種族的人數比例、收入、工時、疾病死亡率等統計資料來檢驗自己對「財產權」、「惡意鼓動者」、「憲法精神」、「侮辱國旗」等的感觸。

但是，作爲一門完整的政治科學，邊沁主義已經不行了。快樂和痛苦的確是人性的因素，然而它們對政治家並非重要的唯一因素。邊沁主義者肆意扭曲詞彙的意義，力圖把諸如本能衝動、古老傳統、習慣或個人特性和種族特性等動機全都作爲快樂和痛苦的形式加以分類。但他們失敗了，探索有效政治推理基礎的工作必須由比邊沁及其信徒更加意識到問題的複雜性，而對絕對成功不太有自信的一代人來從頭做起。

在探索中，有一件事至少是愈來愈清楚了。我們必須找到盡可能多適當的和可測量的人性因素，同時必須努力使它們全都在政治推理中發揮作用。也就是說，在蒐集政治學的材料時，應採取生物學家的方法（生物學家試圖查明一群相關的生物中能觀察和測量到多少共同特徵），而不應採取物理學家的方法（物理學家從整個物質世界所共有的單一特徵中構成或習慣於構成一門科學）。

蒐集到的事實因爲數量多，必須加以整理。我認爲，爲方便起見，研究政治的人可以分爲三大類：關於人的類型的說明性事實；關於從個人或一群人身上觀察到的那種類型的遺傳變異的量的事實；關於人降生在其中的環境以及該觀察到的環境對人的政治行爲和衝動的影響的量的事實和說明性事實。

醫科學生已經力圖盡可能多地掌握與他的學科有關的關於人的類型的事實。例如：在他可望考試及格之前，必須學會的單純關於典型人體解剖的說明性事實就有數千。如果他要把它們牢牢記住以便今後在實踐中應用，就必須仔細地把它們分門別類。例如：他可能會發現，只要把有關人眼構造的事實和它們的進化史聯繫起來，或把有關手的骨骼的事實和X光片上的手的視覺形象聯繫起來，就最容易記住，也記得最準確。

有關人體構造變異的量的事實，醫科學生是以統計方法蒐集的；如果他想獲得公共衛生文憑，就必須獲得有關環境衛生的主要事實。

實習教師在實習期間也學會一系列有關人的類型的事實，雖然就他而言，這些事實要比醫學教科書裡的少得多，準確性差得多，編排也大爲不便。

如果政治學研究者遵循這樣一種安排方式，他在課程開始時至少要掌握一篇心理學論文，論文中包含所有那些已被經驗證明對政治學有用的人的類型的事實，並且編排得使學生的知識在需要時最容易回想起來。

然而，眼下攻讀最負盛名的政治理論著作來接受專業訓練的政治研究者們，仍處於學習希波克拉底（Hippocrates）[2]或蓋倫（Galen）[3]的著作的醫科學生的處境。他被講授少數孤立的、因而是歪曲的關於人的類型、關於快樂和痛苦的事實以及意念的聯想或習慣的影響。他被告知，這些事實是從人性的其他事實中挑選出來的，爲了讓他在再無其他事實可學習這一前提下清醒地思考。其他究竟還有些什麼事實，他必須自己去尋找；但是他很可能認爲它們不會是有效科學思維的題目。他還學習一些關於自由和謹慎等經驗主義的箴言，等他讀了一些關於各種制度的歷史以後，他的政治教育就算完成了。難怪普通的門外

[2] 希波克拉底（前四六〇—前三六〇？），古希臘名醫，世稱「醫學之父」。——譯註

[3] 蓋倫（一三〇？—二〇〇？），古希臘名醫。——譯註

漢寧可喜歡已經忘掉書本知識的老政治家和記得書本知識的青年醫生[4]。

一個這樣培養出來的政治思想家，肯定容易把他學生時代學到的人性觀儲藏在他腦中一個單獨而神聖的角落。在那個角落裡，無論花多大工夫精心蒐集到的各種經驗事實也是進不去的。例如：奧斯特羅高斯基[5]教授（Professor Ostrogorski）在一九〇二年出了一本名叫《民主及政黨組織》（*Democracy and the Organization of Political Parties*）的重要而饒富趣味的書，書中包含了對英、美兩國政黨制度進行十五年密切觀察的成果。書中舉的各種例子也許可以作爲對人性中那些對政治人具有重要意義的事實的相當充分的說明的基礎，這些因素包括我們的衝動性質、我們與外界接觸的必要限制以及在遙遠的過去逐漸形成、現在如此新而奇妙地使用的思維方法。但是，沒有跡象表明奧斯特羅高斯基教授的經驗已在最低程度上改變了他一開始所談的人性觀。所觀察的事實可惜是與「自由理性」、「自由總概念」、「鼓舞一八四八年的人們的感情」相對立的。書末草擬了一個章程，按照那個章程，選民必須投票選舉他們透過政策宣言獲知的候選人，而「宣言中絕對不許提到政黨的名字」。我們彷彿在讀一個忠誠然而悲傷的托勒密[6]天文學信徒，對哥白尼天體的一系列認真觀察。

奧斯特羅高斯基教授是尼古拉二世的第一屆下議會的一位著名民主立憲黨黨員，他必然知道，如果他和他的夥伴要有足夠的力量在平等地位上和俄國專制政治較量，那麼他們就必須是個政黨，作爲政黨被人們信任和服從，而不是一群烏合之眾。將來有一天，第一屆下議會的歷史將形諸筆墨，那時我們就可以知道，奧斯特羅高斯基教授的經歷和他的信仰是否終於在那場偉大鬥爭的烈火中融爲一體。

奧斯特羅高斯基教授著作的英譯本是以詹姆斯・布萊斯先生（Mr. James Bryce）寫的一篇前言爲序的。這篇前言表明，即使在《美國憲法》起草人的頭腦裡，他在牛津大學學到的人性觀依然陰魂不散。

布萊斯先生說：「在理想的民主中，每一個公民都是聰明、愛國、大公無私的。他唯一的願望，是在每個有爭議的問題上發現正確的一方，並在許多互相競爭的候選人中選定

【4】一九〇七—一九〇八年冬天，我曾在不同場合和兩位牛津大學青年研究生討論政治學的入門法。我對每一個研究生都建議說，讀一點心理學是有用的。每個研究生事後都告訴我，他已經向他的導師請教過，導師回說心理學「沒有用處」，或者是「廢話」。一位導師——一位以智力過人聞名的人——據說還添加了一個妙不可言的學院派理由，即心理學「既非科學，也非哲學」。

【5】奧斯特羅高斯基（一八五四—一九二一），俄國政治學家，政治社會學的創始人之一。——編按

【6】托勒密（前一〇〇—前一七〇），古希臘天文學家。——譯註

最好的一個。他的常識，加上對他國家的政體的知識，使他能夠從向他提供的許多論據中作出明智的判斷，而他自己的熱情則足夠送他到投票所去投票。」

隔幾行之後，布萊斯先生提到「每個選民獨立思考的民主理想，這種理想與任何國家的現狀相去甚遠」。

布萊斯先生的「理想的民主」指的是什麼？如果有所指的話，那一定是指與人性的各種事實相同的最佳形式的民主。但是，我們在讀整段話時感到，布萊斯先生那幾個字乃是指倘若人性是像他本人希望它是的，並且在牛津大學學會去想它是的的情況下能夠實行的那種民主。如果眞是這樣的話，這段話就是我們傳統政治課程的效果的絕妙註腳。今天，任何一位醫生在一篇醫學論文的開頭都不會說：「理想的人不需要食物，不受細菌活動的影響，但是這種理想與任何已知人口的現狀相去甚遠。」沒有一篇現代的教育學論文會以這樣一個聲明開頭：「理想的學生無需施教就能學會知識，他唯一的願望是促進科學，但從來就沒有過這樣的學生。」

在一個因產生果、果產生因的世界裡，「獨立思考」又代表什麼？

歷任牛津大學政治經濟學教授、殖民地副大臣和印度副大臣的赫爾曼·梅爾維爾先生（Mr. Herman Merivale）在一八六一年寫道：

「保留或放棄一塊領地不是一個單純由損益平衡，或由抽象政治哲學提供的較高尚但作用甚至更小的動機所決定的問題。民族榮譽感、血統的驕傲、強韌的自衛精神、同宗社會的同情、優勝人種的本能、把我們的文明和宗教傳播到全世界的模糊而慷慨的願望；所有這些衝動，學生在他的斗室裡可能忽視，但政治人卻不敢忽視……」

這裡的「抽象政治哲學」指的是什麼？沒有一個醫學作者會談論一門人沒有肝臟的「抽象」解剖學，也不會加油添醋地說什麼雖然學生在他的斗室裡可能忽視肝臟的存在，開業醫生卻不敢忽視。

梅爾維爾的「抽象」政治哲學顯然和布萊斯先生的「理想」民主指的是同一樣東西。兩者都提到一種由某些十八世紀的哲學家眞心誠意地創立的人性觀，這種觀念如今已無人眞正相信，但由於未被任何其他東西取代，在一個假設的天地裡仍有一定的權威。

這位或那位作者談論他不再認爲是「抽象」或「理想」的人性觀，也許不過是出於學術上的興趣。但是這種不完全的信念卻產生巨大的實質效果。由於梅爾維爾知道他的老師們在工作室裡學習的政治學是不適當的，可是又沒有任何東西可以代替，只好老老實實地放棄了對白人殖民地與大英帝國其餘部分的關係這樣一個棘手問題進行有效思考的企圖。

他因此決定這個問題應當用「砍斷纜索」[7]這個單憑有限經驗的方法來解決；由於他是關鍵時期殖民部的長官，他的決定無論錯對，都不是無關宏旨的。

布萊斯先生也許正因爲腦子裡有這樣一個不完全的信念，才未能對政治學作出建設性的貢獻，而他其實是比當時其他人更有資格作出這種貢獻的。他在同一篇前言中說：「我個人是個樂觀主義者，幾乎是個職業的樂觀主義者，一個人如果不下定決心盡可能從烏雲中看到藍天，那麼，政治確實是不堪忍受的。」試想一個化學實驗方面公認的領袖發現實驗沒有證實某一條公式，居然還自稱「下定決心」以傳統的和舒適的觀點看問題！

我提倡的政治訓練課程的第二步，是從量的角度研究與至今一直作爲類型研究對象的「正常人」或「一般人」相比較而存在的個人遺傳變異。

研究者如何對待這部分課程呢？每個人就其特質來說，都和另一個人在量的方面有所不同。研究者顯然不能在頭腦裡裝進或爲了思考而使用十五億人的哪怕單獨一種遺傳特質的全部變異。一個種族過去歷史上無數種遺傳特質的相互關係，他能夠弄清或記住的就更少了——因爲每一分鐘都有人出生和死去。

H. G. 威爾斯先生（Mr. H. G. Wells）在他的《現代烏托邦》（*Modern Utopia*）的一篇十分生動的「工具的懷疑」附錄文章裡，面對了這個事實。他的回答是，這個困難「在生活的所有實際事務中是毫不重要的，或就除哲學和廣泛的概括外的一切而論，也是毫不重要的。但是在哲學中卻有重大關係。如果我早餐要兩顆新鮮雞蛋，卻送上兩顆未充分孵化但仍舊獨一無二的鳥蛋，那麼，它們很可能適合我的原始生理目的。」[8]

但是，對政治人來說，個人的獨一無二是極其重要的，不僅在他處理「哲學和廣泛的概括」的時候，而且在他日常生活的實際事務中。即使家禽繁殖家在搞一個新品種的時候，也不會光是要「兩顆雞蛋」放在母雞肚皮底下，而對一個出奇複雜的世界上的實際結果負責的政治人，要比家禽繁殖家處理更微妙的特徵。一個政治人需要兩名私人祕書，或兩名大將，或兩名能獲得非國教徒和工會主義者同樣熱烈擁護的候選人，是不會單單要「兩個人」就算了事的。

不過，在這一點上，多數政治學作者似乎都暗示，他們已經把人性描寫成彷彿所有人在各方面都和普通人一般，而且已經警告過他們的讀者，說他們的描寫是不精確的，這樣以後，他們就再也無能爲力了。個人差異的所有知識必須讓個人自己去體會。

---

[7] 喻斷絕殖民地和宗主國的關聯。——譯註

[8] H. G. 威爾斯，《現代烏托邦》，第三八一頁。

比方，約翰．斯圖亞特．彌爾在其《邏輯體系》（*The Logic of the Moral Sciences*）結尾〈道德科學的邏輯〉（*System of Logic*）一節中就暗示了這一點，而且似乎還暗示說，政治學研究者和教授所作的政治判斷和預測中任何不精確之處並不包含一個大的錯誤因素。

彌爾說：「除了對個別人的自然差異以及這些差異所依據的物質環境的程度（當我們從平均數或總數研究人類時，這些是次要的）還有點不確定以外，我認爲，能幹的鑑定人多半會同意，人性的不同構成因素的總規律甚至現在就已經被充分認識，一個能幹的思想家能夠幾乎肯定地從那些規律推斷出任何一組假定的環境在一般人身上形成的特殊性格。」

今天幾乎沒有人會同意彌爾的觀點。正因爲我們覺得自己不能「幾乎肯定地」推斷出環境對性格的影響，所以才都希望在可能範圍內獲得一個比從「平均數或總數」思考人類所能得到的更精確的人的差異概念。

幸而數理生物學研究者（卡爾．皮爾遜教授（Professor Karl Pearson）是最著名的領袖）已經向我們表明，遺傳變異的事實可以如此這般地安排，使我們用不著背誦無數個孤立的例子就能記住。皮爾遜教授等人在《生物統計學》（*Biometrika*）期刊上測量了無數山毛櫸的葉子、蝸牛的舌頭、人的頭骨等，並在每一情況下記錄了每一群體中每一特

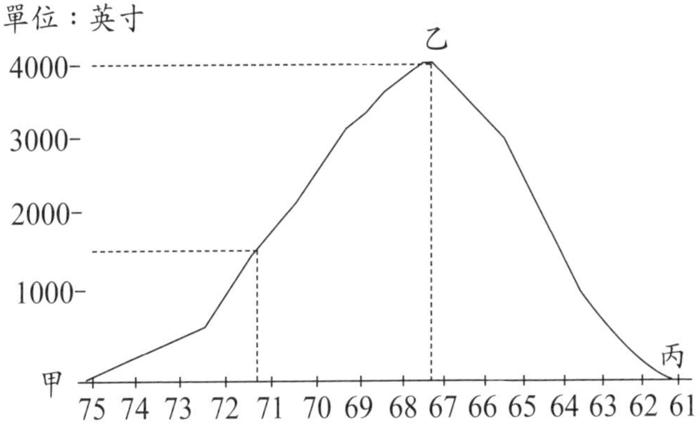

質的變異。皮爾遜教授稱之爲「觀察頻率多邊形」（observation frequency polygon），但按照對其形狀的模糊記憶，我本人管它叫「三角帽」。

上面是一張這種形狀的摹圖，根據對美國陸軍二萬五千八百七十八名新兵的實際測量繪製。甲乙丙線透過與甲丙線各點的距離，記錄了達到各級英寸高度的新兵人數。它表明（如虛線所示）身高在五英尺十一英寸至六英尺之間的新兵約爲一千五百名，五英尺七英寸至五英尺八英寸約爲四千名。

這種圖，如果單單記錄後代和母體在進化中常常不太相似這一事實的結果（就像記錄其他「偶然」變異一樣）是相當對稱的，最多的是中位數，中位數以上和以下的兩根下降曲線彼此相當一致。作爲經驗的結果，長筒靴製造商事實上是劃這樣一條曲線，使大批靴子的長度或寬度接近中位數，中位數以上和以下的尺碼則對稱地逐漸減少。

在下一章裡，我將論述這種或眞正「劃定」，或者粗略地想像的曲線在推理中的使用。在本章裡，我指出，第一，它們很容易被記住（部分是因爲我們的視覺記憶極易保持一條黑線在白紙上畫的形象），因此我們頭腦裡能夠容納的變異數要比把它們當作孤立的例子記住的可能性大得多；第二，我們可以借助想像這樣的曲線對尙未出生或尙未測量的群體可能有的任何遺傳特徵的變異性有一個大致準確的概念。

爲了研究政治而將人的知識劃分的第三類也是最後一類，是人的環境以及環境對於人的性格和行爲的影響的各種事實。政治學的特殊困難就在於這個因素極不穩定和極不可靠。人的類型及其差異的量的分布，對於只與區區幾代人打交道的政治人來說，幾乎是永久性的。人的環境正以日益增快的速度在改變。每個人的遺傳本性確實與另一個人不同，但每個世代主要差異的相對發生率還是可以預測的。另一方面，一個人的環境和其他人的環境間的差異卻無法用曲線表示，也無法用應急辦法記住或預測。巴克爾（Buckle）曾試圖借助構成一小部分環境的氣候影響的少數概括來解釋現代國家目前的思想史並預測未來的思想史。但巴克爾失敗了，以後再也沒有人以他那樣的自信來研究這個問題。

當然，我們可以看到，在任何一個民族或階級的任何特定時候的環境裡，有些因素爲全體成員構成一個共同的經歷，因而也構成一個共同的影響。氣候就是這樣一個因素，其他如美洲的發現、印刷術的發明、薪資和價格的比率都是。所有非國教徒都受對於國教徒很少意識到的某些事情的記憶的影響；所有愛爾蘭人都受絕大多數英格蘭人力圖忘懷的事情的影響。因此，政治研究者必須讀歷史，特別是發生在剛剛過去的那段時間、很可能影響他將在其中工作的世代的那些事件和思想習慣的歷史。但是，他必須經常提高警惕，不要指望他讀的東西能給予他作準確預測的力量。當歷史告訴他某一個試驗成功或失敗時，他必須設法弄清楚成功或失敗在何種程度上應歸諸於人的因素，在何種程度上應歸諸於環境因素。如果他能證明失敗是由於忽視了某些人的因素，並能明確地說明那些因素是什麼，他就能賦予任何一個世代中的老人藉以告誡年輕人，說年輕人的思想「違反人性」的那些一再重複而無人理睬的格言以眞正的意義。但是，如果失敗的原因是心理環境，也就是說，是習慣或傳統或記憶，那麼，他就應該時刻提防就民族或種族「特性」作出概括。

現代政治思想中犯錯最多的一個原因，是將只屬於生物遺傳的經久不變性賦予共同習慣。就塞爾特人（Celts）和條頓人（Teutons）或東方和西方作出的概括足可建立一門科學，但概括所根據的事實可能在一個世代內就消失無遺。在過去，民族習慣改變得非常緩慢，這是因爲新的生活方式很難創造出來，而且只是逐漸推廣，同時也是因爲人與人或國與國間交流思想的工具極不完善；因此關於一種民族習慣的正確報導可能在許多世紀內仍保持正確，而實際上恐怕也是如此。但是今天，一項可使社會生活或工業生活發生巨變的發明在地球彼岸某一國家會像在它的起源地一樣被熱心採用。一個有重要事情要說的政治人第二天早晨是對五億聽眾說的，而像日本海戰役那樣的重大事件發生幾小時後就開始在幾千英里外產生影響。在這些新的條件下，已發生了足夠多的事情，表明不變的東方明天可能進入一個革命時代，而英國人對理性觀的冷淡或法國人的軍事野心這類習慣，在足夠強的刺激下，國家是可以像個人一樣把它們澈底拋棄的。

第五章　政治推理的方法

傳統的政治推理方法不可避免地具有其題材上的缺陷。在思考政治的時候，我們難得深入那些非常容易在我們頭腦裡形成的簡單實體，或認眞地探索現實世界的無限複雜性。一些抽象的政治概念，例如：正義、自由或國家，就像實際存在的東西一樣儲存在我們頭腦裡。一些專門的政治名詞，例如：「政府」、「權利」或「愛爾蘭人」，都向我們暗示單一「模式標本」（type specimens）概念；而我們就像中世紀的生物學家一樣，傾向於認爲一個物種的每一個成員在各方面都和模式標本相同，彼此也相同。

在政治學裡，一個「凡甲皆乙」形式的正確命題，幾乎一定意味著許多具有甲特質的人或物，其變異數就和個人本身一樣多。可是，在我們的語言以及與語言相聯繫的心理習慣影響下，我們總是把甲當作單獨一個具有乙特質的人，或當作許多同樣具有那種特質的人。當我們在報紙上看到「受過教育的孟加拉人對政府不滿」這條消息時，我們會在看報過程中附帶出現的半自覺視覺形象中看到單獨一個對政府流露不滿情緒的「巴布」（Babus）[1]，或依稀看到一大群同樣的「巴布」也對政府表示不滿。

這些擬人化和統一性，又唆使我們在政治思維中使用培根（Bacon）時代以來的自然科學一直反對的那種從大而未經考驗的概括作出先驗推論的方法。今天沒有一個科學家硬說行星繞圈子轉是因爲行星是完美的，而圈子是一個完美的圖形；也沒有一個科學家硬說每一種新發現的植物必能治某種病，因爲大自然賦予所有植物以治病的特性。但是，「邏輯的」民主主義者仍舊在美國爭辯，由於人生而平等，政治機關必須輪替，「邏輯的」集體主義者也往往根據國家應擁有所有生產工具的「原則」堅稱所有鐵路公司的經理必須由普選產生。

還有，在自然科學中，原因的多重性和相互作用概念已成爲我們習慣性心理裝飾的一部分；但是，在政治中，迷信書本的學生以及街上的人說話的口氣卻彷彿每個果都只有一個因。例如：如果提出英日同盟的問題，任何兩個政治人物，無論他們是海德公園（Hyde Park）人群周遭的流浪者，還是爲《泰晤士報》（*The Times*）撰稿的學院院長，都有可能一個說所有國家都是疑心病重的，因此這種同盟必定失敗；另一個說所有國家都是受其利益指引的，因此這種同盟必定成功。《織工馬南》（*Silas Marner*）中的「彩虹」房東聽過好幾千次政治辯論，最後才選定了一道公式：「眞理在你們中間；像我常說的，你們兩個都對，也都不對。」

【1】巴布，半英化印度人的貶稱，多指略懂英語的印度職員。——譯註

在經濟學裡，把抽象和相同的詞當作彷彿等於抽象和相同的物的危險，在過去半個世紀裡就已經被認識了。當開始有這種認識時，「經典」政治經濟學的信徒們表示反對，說抽象是思想的一個必要條件，只要我們清楚地瞭解我們所做的事情，它所產生的所有危險就都能避免。站在新、舊經濟學結合點的白芝浩（Bagehot）[2]於一八七六年寫道：

「政治經濟學……是一門抽象的科學，就像靜力學和動力學是演繹的科學一樣。因此，它是對付一個不眞實的、假想的主題……不是我們實際上認識的眞實的人，而是一個比較簡單的假想的人……。」[3]

白芝浩進一步論辯說，只要記住一系列假想的、簡單的人，眞實的和複雜的人就可以刻畫出來。他說：「科學的原理是常識——首先是一些簡單的事例；先瞭解主要的力量在盡可能小的阻力下如何起作用，等你充分瞭解後，再把每一個干擾因素的各個結果接連加上去。」[4]

但是，這種心理彩色平版印刷技法（mental chromolithography）雖然有時不失是一種學會一門科學的好方法，卻不是使用這門科學的方法；白芝浩也沒有說明他從多層抽象概念形成的人的複雜形象應如何實際用來預測經濟效果。

當吉文思（Jevons）[5]於一八七一年發表他的《政治經濟學原理》（*Theory of Political Economy*）時，已經普遍感到，一個簡單、假想的人，或甚至由許多個不同的簡單、假想的人構成的複合圖像，雖然對回答考題有用，但在制定工廠法或仲裁按物價漲落計算薪資法時卻沒有什麼用處。因此吉文思把他的經濟方法建立在個別事例的多樣性而非統一性上。他把一個工作日的工時或花錢獲得的滿足單位排列在上升和下降的曲線上，並用數學方法表示一條曲線（無論是代表一個假想的數值還是一個已確定的事實）在哪一點上與其他曲線相交最爲有利。

這個方法是與講求實際的人用來獲得實際而可靠的結果的方法一致的，儘管是粗略的一致。一個鐵路公司的經理要瞭解他的旅客所能承受的最高運費率，如果有人對他說，運費率是根據所有人都希望盡可能少力多得的規律定的，這條規律的作用又被人們不願破

[2] 白芝浩（一八二六—一八七七），英國經濟學家、評論家。——譯註
[3] 白芝浩，《經濟研究》（*Economic Studies*）（朗曼出版社，一八九五年版），第九十七頁。
[4] 同前書，第九十八頁。
[5] 威廉·吉文思（一八三五—一八八二），英國經濟學家。——譯註

除老舊工作習慣所修改，他對這種說法是不會感興趣的。他需要一種方法，這種方法不僅向他提供已經發生了什麼的口頭「解釋」；也使他能對於在特定條件下會發生什麼作出評估。不過，他能夠（我以爲他現在也經常這樣做）用吉文思的方法從記錄運費和運輸量等實際統計數字的曲線相交點得出以半便士和噸計的明確結果。

吉文思的方法從創始以來正在不斷發展；經濟方法和統計方法已經差不多變成一樣，疲勞或後天技能問題、家庭影響和個人節儉問題、企業家或雇員管理問題，都已以定量的形式提出和討論。如馬歇爾教授（Professor Marshall）前不久所說，在經濟學中，定性推理（qualitative reasoning）已經過時，定量推理（quantitative reasoning）正開始取而代之[6]。

若不是討論企業和金融，而是討論政治體制的結構和作用，方法上類似的變化又有多大可能呢？

挑選一些顯然能用量的方法來處理的政治問題當然是很容易的。例如：可舉出大英帝國聯合協商會議（The Federal Deliberative Assembly of the British Empire）使用的會議廳的最佳面積問題——假定廳的形狀已經確定。主要問題是會議廳要夠氣派，要大得足以容納各行各業的代表並能進行委員會工作；又不可過大，要使所有人不必豎起耳朵就能聽見討論。最後決定的面積將代表這些條件的折衷，容納的人數將少於單只考慮代表條件和氣派條件，而多於單只考慮便於討論條件。

一群經濟學家可能同意畫或想像一系列「曲線」，代表每增加一個面積單位在氣派、代表恰當性、委員人數、衛生等方面獲得的利，以及每增加一個面積單位在影響討論方便等方面的弊。氣派曲線和恰當性曲線可能是直接估算的結果。可聞度邊際方便曲線可畫在實際的「變異多邊形」上，表示足量可望參加會議的各種類別和年齡的人，在那樣的房間裡能聽見別人說話也讓別人聽見自己說話的距離。經濟學家們經過討論以後，還可能進一步就每個因素對最後決定的相對重要性達成協議，而且還可以用熟悉的「加權」統計方法實施他們的協議。

答案可能是：在一個高二十六英尺的房間裡，為三百一十七位委員每人提供十四平方英尺的地面。當答案確定後，聽力上會有一個「邊際人」（marginal man）（也許代

---

[6] 馬歇爾，《經濟學雜誌》（*Journal of Economics*），一九〇七年三月號，第七、八頁：「從化學比擬稱為的定性分析已完成了它的大部分工作……從定量角度決定各種不同經濟力量的相對力量所取得的進步卻小得多。那項較高和更艱鉅的工作必須等待澈底的現實主義統計學的緩慢發展。」

表一位七十四歲、健康情形一般的人），他就說話的清晰度而言，聽不見或正好能聽見「邊際人」的聲音——此人在牛津大學生物學教授專門畫的多邊形上，代表巴利奧爾學院（Balliol）聲音最輕的兩位導師。從委員會工作觀點來看，委員接連增額而效用不斷降低曲線上的邊際點，可能表明這種工作必須減少到遠遠低於各國議會常見的水準，或大半由非議會成員來做。美學的氣派曲線可與英國建築師協會（The Society of British Architects）主席正好不至於寫信給《泰晤士報》抱怨的一點相交。

任何在這類線上進行的討論，即使曲線僅是語言形態，也是確實有用的。不是一個人反復說一個堂堂帝國的會議廳必須顯示其使命的氣派；另一個人回答說會議廳不能進行會議等同虛設；而是兩者都不得不問：「多少氣派？」和「多少會議便利？」這個問題似乎往往是由密切關心美學效果而毫不關心會議便利性的建築師解決的。建築師在報告中列舉的理由似乎很有說服力，因爲其他考量不在建築委員會的頭腦裡。他們當下只考慮問題的單一面向，而不設法全面協調，否則就不能解釋下述事實：華盛頓眾議院的會議廳不適合供議員進行辯論，猶如一把十英尺闊的湯匙不適合喝湯。印度國民大會黨的能幹領袖們於一九〇七年犯了同樣的錯誤：當時他們一味注意炫耀，竟一致認定，凡是困難而令人興奮的策略問題，必須由一千五百名代表在一個巨大的帳篷裡當著近萬名觀眾的面討論。我擔心，倫敦郡議會也很可能輕視對這類問題的量的推理。一九一二年可能落成一座新的大廳，它能充分顯示倫敦的氣派和建築師的天才，卻沒有其他用處。

當答案不是從一個而是要從幾個「未知數」當中尋找時，定量方法的本質也不會改變。以倫敦提供最佳類型的小學這個問題爲例。如果假定只提供一種類型的學校，問題將以和會議廳的面積問題相同的方式提出。但是，倫敦大多數地區都可能在每個兒童步行距離內設立四、五個不同類型的學校，問題就變成如何選擇少數類型的學校以使學生和課程間的「不適合」程度盡可能縮小。如果我們認爲兒童的天資（或「聰穎」）多少有些差異，問題就變成如何使學校類型適合於一個相當精確的智力差異多邊形。最佳結果可能是設立五種學校，分別代表百分之二天資最聰慧的、百分之十較次的、百分之七十六居間的、百分之十低智的以及百分之二「智力有缺陷的」。這就是說，地方當局必須按照那種比例提供中等、高智、普通、低智以及弱智學校。

營養及其他家庭環境的普遍改善可能使差異多邊形變「陡」（亦即使更多兒童接近正常標準），或可能增加顯示非凡遺傳聰慧的兒童的數目從而使多邊形「變平」；無論哪種情況都會使學校類型之間甚至類型數目之間的最佳比例發生令人滿意的變化。

要敦促一群政治人物就畫出表示透過在城市工業人口中逐步滿足由社會主義和個人主

義這兩個名詞所表明的那些需要而獲得的社會利益的曲線達成一致意見就更難了。不過，可以使政治人承認，爲此目的而畫出曲線是一個觀察和調查問題，個人和國家之間社會義務的最佳分配將在這一點或那一點相交。對於許多社會主義者和個人主義者來說，嘗試用這種方法思考他們的問題是一個極其寶貴的鍛鍊。如果要求一位社會主義者和一位個人主義者問自己：「多少社會主義？」或「多少個人主義？」那麼，即使在一人回答「只要個人主義，不要社會主義」，而另一人回答「只要社會主義，不要個人主義」，這種討厭的情況下，也可以得出一個進行認眞討論的基礎。

當然，每個向社會主義或個人主義發展的階段都改變問題的其他要素的性質，或諸如印刷術、代議政體、文官考試、功利主義哲學等發明可能大大滿足社會主義者和個人主義者的欲望，這些事實使問題變得更加複雜，但並不改變其量的性質。關鍵的一點是：就一個政治思想家能採取馬歇爾教授稱爲的量的推理法而言，他的詞彙和方法不是經常暗示一種虛假的單純，而是指明他所處理的每一個事例都和另一個事例不同，每一個果都是許多能變的因的作用，因此，除非考慮到一個行爲的全部條件及其相對重要性，否則對這個行爲的結果的估計就不可能是準確的。

但是，如果一名政治人物既不是處理一個像建造大廳或學校那樣明顯是量的問題，也不是企圖賦予像社會主義或個人主義這類抽象名詞以量的意義，而是處理極具複雜性的責任性立法，這種量的方法又可能使用到什麼程度呢？

在回答這個問題時，先來看看某位政治家思考一個重大體制問題的方式，這對於我們是大有裨益的。

就拿莫利先生所談格萊斯頓在一八八五至一八八六年的秋天和冬天對《愛爾蘭自治法案》（*Home Rule*）的思考來舉例吧。我們獲知，格萊斯頓在過去好些年裡就已經斷斷續續爲愛爾蘭問題焦思苦慮，而現在他自稱是「不斷地思考這個問題」，並「透過研究和反思來作好準備」。

他首先必須考慮英格蘭人和愛爾蘭人的感情狀況，並評估這種狀況在什麼程度上以及在什麼影響下可望改變。關於英國人的感情，他說：「我期望許多人心中慢慢地、健康地醞釀著最後的結果。」另一方面，愛爾蘭人的自治願望是不會改變的，在他的問題期限內，應該看作是「固定的」。不過，無論在英格蘭還是在愛爾蘭，他認爲「相互依戀」都可能會增強。

對贊成某種地方自治下定決心之前，格萊斯頓研究了每一種可行辦法，特別是發展愛爾蘭郡政府或三個聯合王國都參加的聯合組織。他零零落落地從奧匈帝國、挪威和瑞典，以及「殖民型」政府的歷史中得到啟發。他差不多每天都讀柏克的著作，並驚呼「一個多麼了不起的關於愛爾蘭和美國的知識寶庫！」他從戴雪（Dicey）[7]的（英國）《憲法精義》（*Law of the Constitution*）中論半主權議會的一章獲得了不少助益。他設法從私人密談中的新鮮觀點，並透過想像「文明世界」會有什麼想法來看這個問題。當他接近他的主題時，他已經有了「韋爾比（Welby）和漢彌爾頓（Hamilton）專門爲他編製的數字」統計報告，舉行過「關於財政和土地的祕密會議」，而且在愛爾蘭對帝國稅收的貢獻應當是十五分之一還是二十分之一這個問題上差點和巴涅爾（Parnell）[8]決裂。

在格萊斯頓的估計中，時間和人是重要因素。如果索爾茲伯里[9]勳爵（Lord Salisbury）願意實行某種愛爾蘭自治措施的話，問題就可能發生根本性的改變；而如果大選結果產生了一個獨立於愛爾蘭和保守黨之外的自由黨多數，也會同樣如此；而莫利先生則說他所有估計的基礎是「自由和自治的所有偉大永恆之舉對他的不可抗拒的吸引」。

莫利先生的敘述最多只涉及格萊斯頓在這幾個不斷思考的月分裡頭腦裡必然存在著的一小部分問題。比方說，沒有提到宗教；沒有提到軍事形勢；也沒有提到永遠存在著的對自治施加限制的可能性。但是已足夠說明一個政治家在考慮一項新政策將會有什麼影響時政治思考的複雜性。

那麼，格萊斯頓的最後決定又是用什麼邏輯方法作出的？比方說，他是處理一系列簡單的問題，還是只處理一個複雜的問題？我認爲，很清楚的，一些孤立的、相當簡單的推理會接踵而至；但是，同樣清楚的是，格萊斯頓的主要思維努力是使他頭腦裡所有辛苦蒐集起來的材料同整個問題協調。這一點已由在這個時期內密切參加格萊斯頓腦力勞動的莫利先生的一段說明他自己想法的引文所強調。

莫利先生引用加德納教授（Professor Gardiner）的話說：「歷史學家冷靜地、隨心所欲地解剖一個人的思想，並把它們像博物學家的陳列室裡的標本那樣貼上標籤。他們一口咬定，做這件事純粹是爲了抬高自己；做這件事是爲了國家目標；做這件事是出於崇高的宗教動機。在現實生活中，我們可以斷言情況並非如此。」

很明顯的，儘管格萊斯頓的頭腦是悠閒自在地在「自由和自治的偉大永恆之舉」中活動，他自始至終在追求一個量的方面的解答。「自治法案」對他來說並非一個簡單的實

【7】戴雪（一八三五—一九二二），英國法學家，其所著（英國）《憲法精義》（一八八五年）被認為是英國憲法的一部分。——譯註

【8】巴涅爾（一八四六—一八九一），愛爾蘭民族主義者、自治派領袖，英國下議院議員。——譯註、編按

【9】索爾茲伯里（一八三〇—一九〇三），英國首相、保守黨領袖。——譯註

體。他清楚對愛爾蘭政府可能有無數方案，因而力圖就他自己方案的每一個要點在許多不同力量中作出一種微妙的調整。

對格萊斯頓先生來說，這種複雜的調整工作的絕大部分顯然是無意識的。在整個過程中，你會感到——任何曾經必須作出重要性較低的政治決定的人都可以把它同他的親身體會相比較——格萊斯頓是在等待頭腦裡出現一個解答的跡象。他意識到他所作的努力，同樣也意識到他的努力正同時被引向許多不同的思慮，卻沒有認知到，這種推理過程在他睡眠時，或思考別的事情時，恐怕比他清醒時和專心致志時進行得更加迅速。莫利先生的一句話說明了一種每位政治人都熟悉的感覺。他說：「讀者知道格萊斯頓先生的主要思路是指往哪個方向的。」

這就是說，我們所觀察的與其說是科學的作用，不如說是藝術的作用；與其說是自覺方法的作用，不如說是悠久經驗和訓練有素的才能的作用。

但是，人類進步的歷史卻在於逐漸地、部分地以科學代替藝術，以年輕時透過學習獲得的支配自然的力量代替中年晚期作爲經驗的半自覺產物的力量。因此，這裡就涉及另一個問題：那些符合大自然複雜性的政治思維形式是否可教授？目前是不常教授的。在每一個世代，無數青年男女被政治吸引，因爲他們的才智比同伴敏銳，同情心比同伴廣泛。他們有的成爲自由主義或帝國主義的信徒，有的成爲科學社會主義或人權或女權的信徒。對於他們來說，自由主義和帝國主義，權利和原則，首先是眞實和簡單的東西。或者，像雪萊（Shelley）一樣，他們把全人類看作相同的個人的無窮重複，「千千萬萬的人」、「等待、堅定、身手敏捷、自鳴得意。」[10]

對於所有這一切，他們用我們連我們的政治語言一同繼承下來的老的先驗方法來論證。但是，過了一些時候，他們內心就開始滋生一種不眞實感。複雜而艱難的世界的知識闖入了他們的頭腦。像幾位我曾經與之度過一個夜晚的老憲章主義者一樣，他們告訴你，他們的政治通通是「空話」——只說不做。他們當中，除了那些已經把政治當作職業或投機事業的人之外，絕少人能堅持到由於厭倦和失望而從新的知識獲得新的信心。經過第一次失望以後，絕大多數人都求助於習慣或黨性作爲他們的政治見解和行動。既然不再把不認識的公民同胞當作一個簡單類型的劃一的重複，他們也就壓根不再想到他們，而只滿足於使用政黨的一些關於人民群眾的習慣用語，並體會到一些偶然結識的朋友的個別存在。

[10] 雪萊，《詩集》（*Poetical Works*）（H. B. 福曼編，一八八〇版），第四卷，第八頁。

華滋華斯（Wordsworth）[11]的《序曲》（*Prelude*）清晰動人地敘述了一段心靈的歷史，這段歷史必然是千千萬萬不能再寫偉大詩篇、其道德與智力被政治幻滅所削弱和浪費了的人的歷史。他告訴我們，他在一七九二年法國大革命尚在開始階段時所愛的那個「人」，在一七九八年發現僅是「大腦的合成物」。經過失望痛苦和感情受挫以後，他看到了「個人……那個我們親眼目睹的人」[12]。但是，在那個從錯誤的總體單一化到僅著眼於個體的變化中，華滋華斯評估各種政治勢力或幫助政治進步的動力也永遠消失了。

要制止這種不斷重複的失望，就必須在政治中推廣定量方法，必須改變年輕政治人進入的那個精神世界的詞彙和聯想。幸虧這種改變似乎至少已經開始了。每年都在積累更多和更精確的詳細政治事實；所積累的詳細事實要用於政治推理，就必須從定量角度加以使用。制定立法的腦力工作，無論是常任官員做的，還是皇家委員會或內閣閣員做的，定量的形式一年比一年增加，定性的形式一年比一年減少。

就拿目前的濟貧法委員會採用的方法和一八三三至一八三四年擬訂「新濟貧法」的著名、異常能幹的委員會所採用的方法來比較吧。早先那個委員會報告所使用的理論很容易被列入先驗的演繹形式。凡人皆求樂避苦。社會應力求使反社會行爲受苦，使社會行爲獲樂。要做到這點，可以透過讓每個個人與其子女自力更生，並將無法對社會有益的人隔離，讓他們選擇自發努力或痛苦受縛。這導致「一個即使是那些對該原則實際操作狀況不一的人也同意的舉世公認原則，即貧民與低階獨立勞工的處境不應相同。」[13]這個先驗的論據出色地用了許多由小組委員彙報或在委員會前舉證的例子，說明勞動者除非給他們指出兩條路，一條是餓肚子，一條是嚴格限制，他們就不會竭盡全力——即使目前還沒有對個別例子中具有性格與行爲差異的英國勞工進行統計分析。

這個由特殊的例子說明但未證實的先驗推理是如此清楚和如此容易爲普通人所理解，以致這項影響到所有既得利益的《一八三四年濟貧法案》（*Bill of 1834*），在下議院以四比一的多數、在上議院以六比一的多數獲得透過。

另一方面，一九〇五年的濟貧法委員會雖然有不少委員受過一八三四年傳統的訓練，但爲處理面前的眾多證據所迫，不得不採取新的方針。委員們不再半自覺地假定人的能力在快樂和痛苦兩個概念前完全依靠人的意志作用，而是不得不將無數從量的角度觀察到

---

[11] 華滋華斯（一七七〇—一八五〇），英國詩人。——譯註

[12] 華滋華斯，《序曲》（一八五〇），第十三卷，第八十一—八十四頁。

[13] 《濟貧法委員會第一報告》（*First Report of the Poor Law Commission*），一八三四年版（一八九四年再版），第一八七頁。

的與影響貧民及潛在貧民的意志有關的眾多因素的事實製成表格並加以研究。例如：他們無法回避下列任務：評估健康狀況（這取決於良好的環境）所產生的工業效果；評估希望（這可能由國家提供的老年福利實現）所產生的工業效果；評估遠見（這是教育的成果）所產生的工業效果；以及將所有這些與未來的快樂和痛苦概念所產生的「純經濟」動機相比較。

換言之，委員會所蒐集的證據不是爲了說明已經用其他方法確立了的總命題，而是爲量的問題提供量的答案；所有的例證都按照一個熟知的統計規劃累積起來，直到計算結果重複出現，說明進一步累積已無意義爲止。

一八三四年，在處理《濟貧法》的政治機器時，只需說明，由於人人都謀求自身利益，納稅人會投票選舉一些盡其所知促進全社會利益的保護者，條件是設立一些代表所有地方利益的選區，選舉權則依每個地方納稅人的利益占比授予。至於設立的選區是新的還是舊的，當選者有沒有其他任務，在當時似乎是沒有多大關係的。

另一方面，在一九〇八年，感到有必要探究可能在選舉中影響納稅人或候選人心理的所有事由，並利用所有可以獲得的證據來評估它們的相對重要性。例如：必須研究，在人們保持與議會選舉及市議會選舉有關的政治行動習慣的選區裡，投票率是否最高；一次涉及除《濟貧法》管理外其他問題的選舉，是否更可能在選民中引起興趣。還有，如果一個選區一年中不止進行一次選舉，從投票百分比可以發現選民對每次額外選舉的熱情會順著一條急劇下滑的曲線減退。

因此，委員會或議會就政府政策和選舉機構作出的最後決定，主要必須用量的方法平衡這些和其他需要考慮的事情。也就是說，這條最後與由證據表示的曲線相交的線，賦予把擔心未來作爲發憤圖強動機的重要性，或賦予把個人健康作爲提高個人效能的重要性，要比如果把兩者中的任何一個作爲唯一需要考慮的因素而賦予的重要性來得小。如果不是爲了節省當選代表的精力，「官僚」將會比要求的多；如果不是爲了保持民眾的同情和同意，官僚將會比要求的少。在整個論證過程中，英國人民將不會被（如約翰・斯圖亞特・彌爾所說的）「按照平均數或總數」[14]看待，而是被看作包含許多個別的人，這些人能按照他們的精神狀態和體力、「性格」以及對未來的各種想法影響他們目前行爲的程度，排列在「差異多邊形」上。

[14] 出處同前。第一三二頁。

再者，自一八三四年以來，討論《濟貧法》報告的民眾也發生了變化。如今，新聞撰稿人在討論貧困問題時，不再使用諸如「窮人」（poor）、「勞工階級」（the working class）或「下等階級」（the lower orders）這類應用於整個社會階級的籠統字眼，而是傾向於使用表達對各種差異的估量分析的字眼，例如：「十分之一的底層階級」（the submerged tenth）或「不能被僱用者」（unemployable），而每位新聞讀者都對商業部月報中記錄工會會員實際失業狀況的季節和周期變動的統計數字相當熟悉。

關於政治思維裡這種從質的論證形式到量的論證形式的轉變，還可以舉出其他許多例子。不過，也許只要舉一個有關國際政治的例子就夠了。「六十年前，主權是一個簡單的質的問題。」奧斯丁（Austin）[15]曾經論證說，任何地方都必須有個主權者，而主權無論在專制國家手裡，還是在共和國手裡，都必須是絕對的。但是，一八八五年爲了防止瓜分非洲引起一系列像瓜分美洲所引起的戰爭那樣長的歐洲戰爭而在柏林召開的會議，卻迫於問題的複雜性，不得不按照量的方針來解決主權問題。因此，自從一八八五年以來，大家都十分熟悉當時爲了表達主權層級而杜撰的名詞：「有效占領」（Effective Occupation）、「腹地」（Hinterland）、「勢力範圍」（Sphere of Influence）——阿赫西拉斯會議（Algeciras Conference）[16]也許還增加了一個最低等級：「合法志願範圍」（Sphere of Legitimate Aspiration）。現在，決定某一特定地區是否是英國領土，就像決定一根含有一定百分比的碳棒應當叫鐵或鋼那樣，已經無關緊要了。

甚至在思考所觀察到的政治事實的最細節部分時，有些人也不受忽視個別差異的誘惑。我認識一個人，他在爲工業立法建立統計基礎方面也許比英國任何人的貢獻都大。記得他曾經告訴我，他用一整天的時間把數千次「鐵路事故」（每次事故的環境都和其他事故不同）分成幾大類，而他覺得自己就像《笨拙》畫報中那個狼狽的搬運工，必須把大自然的種種精妙之物依照公司不精妙的價目表予以排列。他引用搬運工的話說：「貓屬狗，天竺鼠屬狗，但這隻烏龜卻是條蟲。」

但是，必須經常牢記於心：量的思維並不一定甚至並不籠統地意味著按照統計數字來思考。數字抹煞標上數字的單位之間的所有差別，它並不是唯一的，甚至不總是代表各種量的事實的準確方法。例如：一張相片有時可能比一行數字更接近量的眞實，更容易記

【15】奧斯丁（一七九〇—一八五九），英國法學家。——譯註

【16】阿赫西拉斯會議，又譯阿爾赫西拉斯會議，一九〇六年為解決德、法於摩洛哥的衝突以及摩洛哥蘇丹的欠債而舉行。——編按

住，更有利於論證和驗證。我看過最精確的定量政治資料，應該是一套被關進酒精勒戒所的婦女照片。照片比任何類似測量紀錄更精確地說明了身體組織和神經組織的種種變化。醫生委員會可以輕易地把照片按照一系列愈益嚴重的變化予以編排，並展示一位瀕臨「邊際」狀況的女性照片[17]。在考慮到費用以及最好鼓勵個人負責的狀態下，國家應暫時或永遠予以收容。任何人看過這個紀錄都不會忘記。

的確，政治思想家有時必須模仿木匠——木匠在做一個特別精緻的工時，不用最精細的折尺而靠觸覺進行估量。如果一群出身、教育和思想各不相同的人，首先對一系列涉及諸如增加或減少國家干預的政策的可能結果大致達成協議，然後找出他們的「喜歡」在哪一點上變成「不喜歡」，一個政治問題的最精確估量也就出來了。人是人的尺度，即使他在每個情況下選擇最不受能力不足影響的測量方法，他仍然是在使用定量的方法。但是，正是在數字估量不可能或不合適的情況下，政治人物可能透過有意識地使用量的概念獲得最大幫助。

曾有人反對採用隱含的或明確的量的政治推理方法，說這樣勢必要使根本不相同的事物互相平衡。他們問，如何平衡包含在一場持久戰中的民族榮譽的邊際單位，與被認爲是其等價物的附加稅邊際單位？如何平衡使用在科學基金上的最後一個金鎊，與用在一位已故科學家的紀念碑或養老金計畫最後一項細節上的最後一個金鎊？回答顯然是：政治人物必須行動，行動就會使他面對的所有可行辦法獲得平衡。財政大臣在年度分配補助金和減免稅款方面所做的平衡工作，與一個在耶誕節有一、二個金鎊可花的老百姓到底是把錢用來訂一份《中國傳道》（*Chinese Mission*）還是在廚房和餐廳之間安裝一扇旋轉門所做的平衡工作，性質上並沒有什麼不同。

一個更嚴重的反對意見是，在政治中不應該從量的角度進行思考，這樣做會斷送一般的原則考量。「邏輯原則」也許只是大自然精妙之物的不適當代表，但如果放棄邏輯原則，就變成一個純粹的機會主義者了。

在這些反對者的頭腦裡，從簡單原則進行推理思維的唯一替代品似乎是畢羅[18]公爵（Prince Bülow）在德國國會就普選發表的演說中的看法。據報導，畢羅說了這樣一番話：「只有最教條主義的社會黨人仍把直接普選看作偶像和一貫正確的教條。他本人並不崇拜偶像，也不相信政治教條。一個國家的幸福和自由並不完全或部分地依靠它的憲法或

[17] 指酗酒嚴重，瀕臨勒戒狀態。——編按

[18] 畢羅（一八四九—一九二九），普魯士首相與德意志帝國總理。——編按

選舉權的形式。貝伯[19]先生（Mr. Herr Babel）曾經說過，總的來說，他喜歡英國的程度甚於法國。但是，英國的選舉權並不是普遍、平等和直接。梅克倫堡（Mecklenburg）根本沒有普選；海地則可以誇口擁有普選；而世人聽見不少關於海地的奇聞，難道可以說梅克倫堡治理得比海地差嗎？」[20]

但是，畢羅公爵的演說表明，他若不是有意拙劣地模仿一種他不贊成的學究或推理風格，就是沒有能力掌握量的政治思考方式的基本概念。如果普選權的「教條」意味著所有有選舉權的人因而在各方面都變得一致，而普選權是好政府的條件之一，那時，也只有那時，他對普選權的攻擊才是正確的。然而，如果普選權的願望是基於這樣一個信念，即大幅擴充政權是好政府最重要的要素之一（其他還有民族性、政治責任等因素），那麼，他的演說是完全沒有意義的。

但是，畢羅公爵是在發表國會演說。在國會演說中，那種深刻地影響各種會議和委員會議事程序的從質的方法到量的方法的轉變還沒有獲得很大的進展。在議會的正式辯論中，就連那些使我們最受感動的演說也往往使人想起格萊斯頓先生。在他的頭腦裡，一當他起立發言，他在伊頓公學和牛津大學所受的詞語訓練就總是與他對事物的經驗發生衝突，他從未說清楚，「自由和自治的偉大而永恆之舉」，究竟是指某些因素在教會和國家每個問題上必定有巨大和持久的重要性呢，還是指好人都能從絕對和權威的法則中推斷出所有政治問題的先驗解答。

【19】貝伯（一八四〇—一九一三），又譯倍倍爾，德國社會民主黨和第二國際的創始人與領導人。——譯註

【20】《泰晤士報》，一九〇八年三月二十七日。

第二部分　進步的希望

第一章　政治道德

在前幾章裡，我論證說，政治學的效能，也就是預測各種政治原因的結果的力量，很可能會增強。我用兩個事實作爲我的論證基礎：第一，現代心理學向我們提供的人性觀，比與傳統英國政治學相關的人性觀眞實得多，儘管也複雜得多；第二，在自然科學的影響和例證下，政治思想家們已經開始在他們的討論和調查研究中使用量的，而不僅僅是質的語言和方法，因此既能更充分說明問題，又能更準確地解答問題。

在論證中，沒有必要問政治學中這種改進會在什麼程度上影響政治史的實際進程。發現眞理的最好辦法，無論人民信不信，終歸是最好的辦法。

但是，正如亞里斯多德所說，研究政治是「爲了行，而不是爲了知」[1]，研究者遲早會捫心自問：學科中的變化，對我在其中生活和工作的那個政治世界會產生什麼影響？

例如：我們可以設想，一位剛在一次執行得不錯但徹底失敗的反坦慕尼協會運動中扮演「超然派」角色的哥倫比亞大學政治學教授可能會說：「政治學的方法愈精細，愈準確，對政治的作用就愈小。天文學家每年都發明更精巧的預測星球運動的方法，卻無法運用他們的全部本領使一顆星球偏離軌道一英寸。因此，我們研究政治的人會發現，我們的知識愈豐富，只會使我們愈感到無力。我們也許能根據我們的科學學會精確地估計報業壟斷（Syndicate）[2]、高級酒店或階級、國籍和種族的盲目本能所發揮的力量，但是又如何學會去控制它們呢？我們確實是在用一種新方法思考這些事情，但這並不能使我們在競選中獲勝或防止戰爭。」

因此，我打算在本書的第二部分闡明這些正開始改變政治學的新傾向，在何種程度上也能作爲一種新的政治力量被人們所感知。我將試著評估這些傾向的可能影響，不僅是對於研究者或有修養的政治人物，而且是對於僅從第二手或第三手接觸政治學的普通公民。本著這種意圖，我將在以下各章中分別論述新傾向與我們的政治道德理想的關係，與國家的代議政體和行政機關的形式和作用的關係，以及與國際和種族理解可能性的關係。

本章從該觀點論述新傾向對政治道德可能產生的影響。在使用政治道德這個名詞時，我的意思並不是說某些出於政治動機而做的事情是道德的，出於其他動機是不道德的，反之亦然；而是要強調說明，有些道德問題的研究必須與政治學緊密相連。當然，有些人格是行業間共通的，比如人人都必須做到仁愛、誠實和勤勞，我們希望倫理學老師們幫我們達到這些目標。但是每一個行業也有它特殊的問題，這些問題必須先由它自己的研究者闡

【1】亞里斯多德，《倫理學》（*Ethics*），第一卷，第三章，第六節。

【2】又譯為辛迪加，指同業聯合壟斷，以謀取共同利益。——編按

明，然後才能由倫理學者來處理。

在政治中，這些特殊人格問題中最重要的一個問題，乃是政治人據以形成本身見解和宗旨的方法與他影響他人見解和宗旨的方法間的關係。

一百年甚或五十年前，那些爲一個他們對之尙無經驗的民主政體工作的人，並不憂心這個問題。他們不是把推理視爲一個艱難而不確定的過程，而是看作當一個人遇到影響其利益的問題時頭腦必然和自動的運轉。因此，他們想當然地認爲：生活在民主政體下的公民在使用選票時必定受理智的引導；使別人最清楚地瞭解自己的結論以及結論所根據的理由的政治人是最成功的；如果選民有充分機會聽取自由而眞誠的討論，好政府就有了保障。

今天，一個剛離開課堂踏上講臺的候選人，幾乎肯定會從同樣的推論開始。

他在準備講稿時心中堅信，選舉結果將取決於他所說明的政治因果關係。他的第一個震撼可能來自於專業助選員們對候選人們說了又說的格言：「開會沒有用。」助選員對他說，到會的人當中十個有九個本來就是他那個黨的忠貞支持者。如果他的演說在邏輯上無懈可擊，其主要政治重要性也不在於他說服那些早已被說服的人的本領，而在於他的支持者們由於欽佩他的演說才能而可能萌發更大的拉票熱情和願望。

慢慢地，他學會分析自己的演說和對手的演說扣動選民心弦的方式。比方，他可能會突然意識到自己打開裝有其他候選人在某次他不大感興趣的選舉（例如：貧民救濟委員選舉）中的演說詞封袋時的心情，發現他沒有注意到自己的演說詞，或只注意到一些喚起某些慣性思維的詞句。等他到了具充分自信或重要性，可以爲自己擬一份政綱時，他就懂得向大批選民發表的任何言論都必須受到限制——提案只能在「實際政治範圍內」提出，要簡單、明瞭，而且精心適於忙碌群眾的半自覺記憶與愛好。

所有這一切意味著他自己的政治推理能力正受到磨練。他逐漸認識到，每一個人的利益、思考習慣與能力以及經歷都和其他人不同，認識到控制政治力量的成敗取決於懂得這一點以及仔細瞭解人性的種種共同成因。但與此同時，要相信自己是在把據以作出結論的共同推理方法施之於聽眾，對他來說是愈來愈難了。也就是說，他傾向於把選民當作他的思考題材而非參與者。他就像柏拉圖的詭辯學者一樣，正在學會懂得民眾是什麼，而且在開始理解那頭「巨大且強而有力的野獸的激情與欲望；如何接近和掌握它，什麼時候它變得最凶惡和最溫順，什麼情況下發出幾聲吼叫，其他野獸發出的什麼聲音會使它平靜或憤怒」[3]。如果他堅決避免自己轉移錯覺，他可能還記得選區裡不只他一個人曾經與正在對

---

[3] 柏拉圖，《理想國》（*Republic*），第四九三頁。

政治進行推理。如果他親自拜票，有時會碰到一位中年勞工，比他更接近生活眞實，會發現他的這位選民已經耐心和深入地對政治進行了三十年的推理，他本人在那種推理中毋寧是一條荒唐可笑的材料。或者，他會和一位商人交談，不得不承認這位商人對他的提案的影響看得也許比他自己更透澈，但理想差距的鴻溝卻將他們分開：一個人所希望的恰恰是另一個人所害怕的。

然而，無論這位候選人是多麼眞誠地看重投他票或不投他票的人當中較有頭腦的人據以作出結論的方法，他仍容易感覺到他自己在競選中所扮演的角色與任何推理方法都無關。記得我第一次參選之前，一位資深政界朋友對我說：「記住，你是在進行一場六周的促銷活動。」時間是短促的，有數不清的細小事務需要安排，候選人偶爾和個別選民進行思想交流後，就馬上恢復對全體選民進行促銷。只要他這樣做著，所謂「在選民中絕不使用最嚴謹的邏輯思維方法乃屬大謬」這句格言（如果他有閒暇想到這句格言），在他看來與其說是不正確，不如說是文不對題。

過一段時間，這位政治人物甚至不願再與他的選民講道理，而終於把他們當作徒有感覺和見解的純非理性動物，他本人則是控制他們的純理性「上人」（over-man）[4]。正是在這個節骨眼上，一個堅定而能幹的政治人成爲最有效能和最危險的存在。博林布魯克

（Bolingbroke）[5]在教他的「愛國君王」（Patriot King）如何透過瞭解人來統治人時，說了一句令人難忘的話：「那個徹頭徹尾的膽小鬼——人。」[6]在達爾文之前一個世紀，他像斯威夫特（Swift）[7]和柏拉圖一樣，能夠絕對超然地把他的同胞當動物看待。他認爲，他本人是「社會上的少數人之一，這少數人幾乎獨占了人類全部的智慧，他們生下來就是爲了教育、引導和保護人類。註定要成爲人類的導師和保護者」[8]。至於其餘的人，「理智絕少對他們產生影響：妄想的一個轉變，往往像一陣狂風那樣猛烈和突然地決定他們的行爲。」[9]

博林布魯克最傑出的弟子是迪斯雷利（Disaeli）[10]，他寫道：「作爲人類行爲和人類

【4】此處譯為「上人」，指超越一般人（非宗教意涵）。——編按

【5】亨利．聖約翰（Henry St. John，一六七八—一七五一），第一代博林布魯克子爵，英國政治家、作家。——譯註、編按

【6】博林布魯克，《愛國主義精神書簡》（*Letters on the Spirit of Patriotism*）（一七八五年編），第七十頁。

【7】斯威夫特（一六六七—一七四五），愛爾蘭出身之英國諷刺作家，《格列佛遊記》作者。——譯註、編按

【8】出處同註6，第二頁。

【9】出處同註6，第一六五頁。

【10】迪斯雷利（一八〇四—一八八一），猶太裔英國首相，保守黨領袖。——譯註、編按

進步里程碑的偉大成就，沒有一樁應歸功於人的理智……人只有根據感情行動時才是眞正偉大的；只有當他發揮想像力時他才是不可抗拒的。摩門教徒擁有的信徒甚至比邊沁多。」迪斯雷利對待維多利亞女皇「像一個女人」，而從未完全擺脫牛津大學薰陶的格萊斯頓則對待她「像一個群眾集會」。

無論迪斯雷利的本性多麼敦厚，他巧妙地利用他所統治的人民的本能，在當時不少人看來卻似乎在政治中注入了一股冷酷無情的成分，而在他本性不太敦厚的弟子藍道夫·邱吉爾[三]勳爵（Lord Randolph Churchill）身上出現時，就似乎更加冷酷，更加無情了。但是，同樣的冷酷無情現在經常發生，將來也許會發生得更頻繁；只要一個人爲了專心追求一個政治目的而不惜衝破攔在他路上的所有理智或道德常規，情況就總會如此。記得好幾年前，我曾經和俄國恐怖主義運動的一位領袖長談。他說：「即使情況允許，與農民講道理也是無用的。使他們受影響的是行動而不是言語。如果我們殺死一個沙皇，或一個大公、大臣，我們的運動就變成一個實際存在、値得重視的東西，否則對他們來說，運動是根本不存在的。」

政治中有一個含糊的慣例，即除了講道理，用任何手段影響同胞的意志都是不光明的。這個慣例在戰爭中是不存在的。拿破崙所說：「在戰爭中，人們都具有正義感；而正義感與輿論對勝利的重要性則不分軒輊」[12]，就是這個意思。奇怪的是，當人們有意無意地決定將那個慣例拋諸腦後時，他們無形中就使用了戰爭的語言。二十年前，英國的社會黨人經常使用「階級鬥爭」（Class-war）這個字眼來證明社會黨應採取巴涅爾所發明的那些議會恐怖主義（對立於議會辯論）方針。一九〇六年，蘭茲唐尼勳爵（Lord Lansdown）建議上議院不要推測自由黨控制的下議院提交的議案對行政會產生好或壞的影響，而只研究接受或拒絕這些議案在下次大選時對選民的心理影響；他無意間就用了個軍事的隱喻。他說：「如果我們進行辯論，就必須在盡可能對我們有利的基礎上進行。在這件事上，我認爲基礎對本院不利，我認爲關鍵是，即使我們暫時獲勝，我們的勝利到頭來也會落空。」[13]

---

[11] 藍道夫・邱吉爾（一八四九—一八九五），英國政治家、保守黨巨頭，溫斯頓・邱吉爾（Sir Winston Leonard Spencer-Churchill，一八七四—一九六五）之父。——譯註、編按

[12] 夏普魯（Chapelot），《戰爭格言與拿破崙思想》（*Maximes de Guerre et Pensées de Napoléon Ier*），第二三〇頁。

[13] 《英國議會記錄》（*Hansard*）（《貿易糾紛法案》（*Trades Disputes Bill*），上議院，一九〇六年十二月四日），第七〇三頁。

因此，乍看起來，目前政治學正在發生的變化，其結果將是年輕政治人摒棄所有道德傳統，而採用他們所學的新知中那些利用人性裡非理性因素的方式——這些方式一直是資深或參透箇中奧妙者的祕訣。

例如：曾有人告訴我，有一小群婦女於一九〇六至一九〇七年在實際政治範圍內提出了婦女選舉權問題，其中一位婦女曾在大學裡受過嚴格的心理學訓練，這些婦女採用的策略基本上是起因於她的這樣一個論述：要使男人思考，必先使他們感知[14]。

還有，數月前，一位也學過心理學的印度宣傳家錢德拉．帕爾[15]先生（Mr. Chandra Pal）模仿蘭茲唐尼勳爵的口氣說：「在把心理學原則用於研究政治問題時，我們認爲重要的是……不應該做任何會使政府成爲一個對我們有影響的機構的事。因爲如果政府變得溫厚、可愛，如果它變成好政府，那麼，我們脫離政府獨立的憑據就會逐漸消失。」[16]錢德拉．帕爾先生和蘭茲唐尼勳爵不同，他不久後就被捕入獄，但是他說的這番話卻在印度產生了巨大的政治影響。

如果這種心理態度和基於這種態度的戰術獲得成功，那麼它們必然以愈益增快的速度傳播；而且正如貿易中的葛萊興法則（Gresham's Law），劣幣如果過多必然驅逐良幣一樣，在政治中，較容易和立時見效的宣傳方法，必然驅逐較難而效驗較差的方法。

今天，人們不能光用知識能使人變聰明這個說法來回答這樣一個爭論。從前，依靠人只要學會瞭解自身就能使生活和行爲臻於完美這一信念是很容易的。在達爾文之前，多數政論家都慣於描繪一種只要澈底實行他們的原則即可產生的完美政體，例如：柏拉圖和摩爾（More）的理想國、培根的亞特蘭提斯島（Atlantics）、洛克的必須有意識地實現上帝意志的政府，或邊沁的奠基於「行爲動力表」（The Table of the Spring of Action）[17]的功利國家。然而，我們生活在達爾文之後時代的人已經受過一個慘痛的教訓，就是絕不能指望知識來引導我們臻於完美，無論這種知識是多麼充實。現代的生理學者認爲，如果他的工作有成效，人的健康狀況會比處於愚昧狀態來得好，但是他並不夢想創造一個完全健康的民族；他總是準備發現他所難以控制的種種生物學上的成因使健康狀況更趨惡劣。教育

---

[14] 據報導，潘克斯特夫人（Mrs. Pankhurst，一八五八—一九二八）曾在一九〇八年七月二十六日出版的《觀察家》（*Observer*）中說過這樣一段話：「無論被稱為婦女參政主義者的婦女是些怎樣的人，她們至少懂得如何與民衆取得聯繫。她們掌握了時代精神，學會了廣告的藝術。」

[15] 錢德拉．帕爾（一八五八—一九三二），印度一九〇五年民族運動領導人。——譯註

[16] 引自《泰晤士報》一九〇七年六月三日。

[17] 指邊沁的幸福指數量表，該表以七項指標作為評估標準：強度、延續性、確定與否、遠近、衍生性、純粹性、延伸性。——編按

學作家如今也不再強論他能在自己的學校裡培養出完美無缺的人。如果我們的想像居然又重新走上烏托邦的老路，那只需記住，我們是其他動物的骨肉之親，我們沒有比我們的親屬擁有更多的權利來假設上蒼已規定好我們只要尋求一種十全十美的生活就定能如願。蜜蜂將來可能會意識到自己的天性，以及在營造得井然有序的蜂房裡浪費掉的生命和勞力。然而它們也可能懂得，被如此有限的觀察和推理能力所牽制，並被如此瘋狂的熱情所束縛的生物，是不可能擁有大幅改進的機體的。它們可能被迫認識到，只要它們是蜜蜂，它們的生命就只能是混亂、狂熱和短促的。政治調查研究的對象是當前處境的人，是今後幾個世紀人的生活組織中可能有的變化。幾十個世代之後，我們也許會發現，這種調查研究所帶來的政府進步，與透過選種這一冒險實驗改變人類本身所產生的變化相比，是微不足道的。

但是，無論我們多麼急於不存幻想地瞭解我們的生活眞相，對任何沒有根據的事不抱期望，我們還是可以從回憶中獲得一點安慰，那就是，在政治史有案可查的過去幾千年中，人類在天性不變的情況下，已經在政體方面取得了巨大進步，而那些進步往往是在新知識影響下形成的新道德觀的結果。

我們知識的點滴增加對我們行爲的最終和更廣泛的影響，確實與它的即時和較狹隘的影響大不相同，而且更加重要。我們每個人都生活在一個想像的天地裡，這個天地只有一小部分應歸功於我們自己的觀察和記憶，更大一部分應歸功於我們從他人那裡學來的知識。諸如美洲的發現或較近天體的眞正運動的確定在我們心境裡所產生的變化，使人類在宇宙中所處地位的總概念受到了影響，這種影響最終證明比刺激探險家和提高航海技術的直接影響更加重要。但是，以往世界觀的任何改變，其規模和重要性都不及過去五十年裡發生的變化，例如：人及其環境的新歷史回溯到迄今沒有料想到的年代，不斷變化的世界的無限前景取代了空想天堂樂園的完美，尤其是科學闖入我們內心最深處。這類變化的影響確實往往來得比我們希望的慢。前不久，我曾和一個人交談，他是那些當達爾文發表《物種起源》時剛開始理性思維的人當中最傑出的一個。他告訴我，他和他的哲學家兄弟如何指望所有事物立刻就變得煥然一新，而隨著歲月的流逝，他們又如何怏怏地承認失敗。但變化儘管緩慢，意義卻是深遠的。

至於我自己，我覺得達爾文的成就所開闢的新知的廣闊範圍中最重要的政治結果，乃是行爲觀擴展到把目前多數人未意識或察覺到的對心理歷程的控制也包括在內。我們的有意識行爲範疇是由我們的自我知識範疇確定的。在人類知道怒是一樣可以和發怒的自我分開的東西之前，以及在發明一個名詞使那種知識流行之前，控制怒不是一個行爲問題。怒是發怒者自身的一部分，只能由其他感情，例如：愛或懼的出現所制止，愛或懼在延續時同樣是自我的一部分。人種之所以能生存，端賴怒、懼或愛在合適的時候以合適的強度降臨。但是當人類給怒起了名字，思想能超越它，怒就進入了行爲的領域。從此以後，在這一點上，人就能選擇半自覺地服從在過去進化史上證明有用的衝動的老方法，或選擇受結果導向操控的完全有意識地控制衝動的新方法。

一個懂得恐懼的本質，並具有控制恐懼能力的人，如果看到一顆鵝卵石順著湍急的河床向他一蹦一跳地衝過來，他會服從直覺的衝動立刻跳到一邊；或以行爲代替本能，站在原地不動，因爲他已經估計到，卵石再彈跳一下就會改向。如果他決定站著不動，也許會犯錯。事實可能證明，由於他的認知推理能力差，直覺的恐懼衝動反而比推理過程更安全可靠。但由於他可以選擇，甚至服從衝動的決定也是一個行爲問題。柏克深信人的政治推理能力與他們的作爲完全不相當，因此畢生敦促英國人民循規蹈矩，亦即按照原則服從他們的慣性政治衝動。但是柏克鼓吹的循規蹈矩因爲是選擇的結果，所以跟過去的盲目效忠有所不同。那些已經吃過知識之樹果實的人，是不會忘記這些果實的。

在政治以外的事情上，那棵樹的果實的影響正在我們的生活中進一步擴大。無論我們願意與否，進餐時盲目服從食欲的老習慣，已經愈來愈受我們對於食物的數量和種類的生理效用的知識（儘管是不完善的知識）的影響。切斯特頓先生像戲劇中的獨眼巨人一樣大聲疾呼地反對那些使人類生活複雜化的人，叫我們「憑衝動吃魚子醬」，而不要「憑原則吃葡萄核」。[18]但是，由於學過的知識不會忘掉，切斯特頓先生只是在叫我們憑原則吃魚子醬罷了。當一個醫生知道心理暗示在治病中所起的作用時，可能會又恨又怕這種知識，卻擺脫不了。他發現自己在留意自己的話語、音調和姿勢的非故意影響，直至認識到自己是身不由己地在評估能據以產生這種影響的方法。過些時候，就連他的病人們也學會注意「醫生對病人的和藹態度」對他們自己的影響了。

由於在政治領域，關於人類莫名衝動的知識正在廣傳（哪怕只靠一些流行的新名詞），政治人物和選民與那些衝動的關係正在發生變化。美國的政治人物們稱某些專門受僱的演說家爲「使聽眾入迷者」（spell-binder），這個名詞馬上透過報紙從政客那裡灌輸進讀者腦袋裡。花兩美元去坐在大廳裡「入迷」（spell-bound）的人體會到的確實是些陳舊的感覺，但是體會的方式截然不同。英國那些曾經聽過「聳人聽聞」（sensational）這個詞彙的報紙讀者，可能每天早晨試圖向低級小報那些受過心理學訓練的專家放縱他的

【18】《異教徒》，一九〇五年版，第一三六頁。

幽暗心靈。他可能按照當天報紙的暗示憎惡德意志帝國六千萬奸狡的無賴；爲一顆到來的彗星戰慄；爲政府前座議員（The Government front Bench）[19]中的懦夫憐憫；或擔心一個女默劇演員會放棄她的角色。但是他不能阻止意識深處存在一個注視著他的「感覺」並爲此感到羞恥的自我。甚至現代小說和戲劇迅速增強的心理複雜性，也有助於使當代人與他們的情緒衝動的關係複雜化。正在閱讀《埃文・哈靈頓》（*Evan Harrington*），或某一個讀過《埃文・哈靈頓》的作者所寫的小說的年輕商人，在櫻草會（Primrose League）[20]或自由社會委員會（Liberal Social Council）舉辦的聯歡會上同一位伯爵夫人握手感到愉悅，但是對自己的愉悅多少持批判態度。他那讀過《紳士約翰・哈利法克斯》（*John Halifax, Gentleman*）的父親，只需兒子情況下十分之一的恩賜就會神魂顛倒。一個在戲院裡看過《約翰牛的另一座島》（*John Bull's Other Island*）的選民，可能比他只看過《流浪者》（*The Shanghaun*）[21]的父親更加認識到一個人對愛爾蘭問題的看法不但可以感知，還可以思考。

就這種變化擴大的程度來說，政治人物今後可能會發現愈來愈多的選民半自覺地「識破」他們利用感情的手腕。

但是，自我認知的這種潛意識或半自覺狀態的擴大，未必會自行與控制衝動的政治手腕的發展並駕齊驅。要使這種趨向奏效，必須有意地採用和反復灌輸新的道德和理智觀——我們的感情和欲望可能依附的新理想實體——來加強。

自從法蘭西斯・培根再次找到亞里斯多德的最佳思想途徑以來，「科學」一直是這樣一個實體。「科學」、科學方法和科學精神的概念，是由少數學者一代又一代地建立起來的。起初，他們的概念只限於他們自己所有，其效果顯示在他們實際獲得的發現中；但對於人民大眾來說，他們和魔術師沒有什麼兩樣。現在這種概念已經傳遍全世界。在歐美的每一個教室和實驗室裡，自覺的科學思想塑造了千千萬萬永遠不能幫助產生這種思想的男女的意志和願望。科學思想已經滲入自由或天賦人權等政治概念從未滲入過的非歐洲種族。喀土穆（Khartoum）的阿拉伯工程師，日本軍隊裡的醫生、護士和將軍，印度和中國的學者，都把他們的終生奉獻給科學，孜孜不倦地工作；不僅英國、美國或德國的城市勞工，就連義大利或阿根廷的農民也在學會尊重學術權威，並對那種隨時可使收成增加一倍

【19】政府前座議員，指英國議會中的前臺，由英國內閣與其他官員組成。——編按

【20】櫻草會，為紀念英國保守黨政治家迪斯雷利而成立的組織。櫻草又稱月見草，是迪斯雷利最喜歡的植物。英國女王維多利亞在其葬禮時特別送上櫻草花圈以茲紀念。——譯註、編按

【21】《流浪者》，愛爾蘭劇作家布希考特（一八二〇—一八九〇）作品。——編按

或制止牲畜中傳染病蔓延的有組織研究方法表示讚賞。

不過，對於絕大多數人（即便在歐洲）來說，「科學」僅與他們身外可以用試管和顯微鏡來檢驗的東西有關。他們朦朧地意識到有一種意志的科學，但那種知識至今還沒有提供他們理想的行爲模式。

美國的政治人物們的確比任何其他國家的政治人物更成功地學會了從外部控制他人潛意識衝動的本領，但是近來那裡有一些關於必須清醒地從內部實行控制的値得注意的言論。特別是有些曾在美國大學裡學過科學方法的人，目前正試圖把理智行爲的科學觀擴充到政治上去。但是我覺得，他們的宣傳不少是無的放矢，因爲它採取了「理智」與「感情」相對立的舊形式。例如：前不久，耶魯大學校長在一篇動人的演說中說，「每一個發行一份訴諸於讀者感情而非理智的新聞從業人員……都在對我們政治生活最脆弱的一點施行攻擊。」[22]如果四十年前赫胥黎（Huxley）在探索自然的過程中只用這種方式宣傳理智而反對「情感」，很少人會相信他。人除非先激起情感，否則是不會甘心忍受「難以忍受的思想病」的；而科學觀的力量正在於它觸動人的情感，從尊重、好奇和無限期望等激情中汲取思想的動力。

耶魯大學校長的意思似乎是，人要理智，就必須變得沒有感情。他最好還是重新讀一讀《理想國》裡柏拉圖論述國家最高宗旨的那段文章，國家的最高宗旨透過一種加強感情動力的「和諧」在人的心中實現，因爲各種激情不再互相鬥爭，而是集中在理智所發現的一個終極目標上。

在政治中，把理智與情感對立起來加以宣傳確實特別無用，因爲人類的感情不僅爲政治思想提供動機，而且還確定政治判斷中必須使用的價值尺度。在試圖理解這一點的時候，也許因爲從通行的語言中得不到什麼幫助，只好求助於柏拉圖愛用的「藝術」作比喻。在音樂中，作曲家優劣的區別不是訴諸於聽眾的理智或情感。兩者都必須訴諸情感，因此兩者都必須深刻地體會聽眾的情感，並強烈地激發自己的情感。他們的成敗所繫的條件取決於我們感性中一些他們所無法改變的東西。不過，一個用粗淺的技巧只打動聽眾部分心靈，而另一個則全面打動聽眾的心靈，讓那些聽他演奏的人的理智暫時沉浸在強化和淨化了的激情中。

但是，除了單純宣傳之外，如何才能在政治動機中推廣這種理智與激情、思想與衝動

【22】引自《蒙西雜誌》（*Munsey's Magazine*），一九〇七年，A. T. 哈德利（A. T. Hadley）撰稿（編按：一八八九—一九二九年間發行於美國之大眾雜誌）。

和諧一致的概念呢？人們想到教育，尤其是科學教育。但是，研究者要把理智行為觀從實驗室推廣到群眾聚會必須具備想像力，而這種想像力卻是不常有的。如果把科學教育的一部分用來研究科學家的生平，既揭示他們的發明，又說明他們的心理歷程。如果年輕生物學家認眞閱讀達爾文與萊爾（Lyell）[23]之間的通信（當萊爾為了一個尚未釐清的眞理打算放棄他據以知名的理論，並中止他最強烈的宗教信仰時），這種想像力就可能較多地存在。

但是，多數學生如果要學習理智行為觀所依靠的事實，就必須更直接地學習。我個人認為，關於心理學一些已有定論的事實的簡易課程，如果耐心地教，任何稍許受過科學方法訓練的十三、四歲兒童都是可以理解的。例如：威廉・詹姆斯先生的《心理學原理》中論習慣的一章，只要文字稍加簡化，完全能被他們掌握。再者，城市裡的兒童如今生活在層出不窮的廣告心理學藝術中，能夠很容易地使他懂得，為什麼當大人叫他去買一塊肥皂時，他會傾向於購買廣告做得最大最多的那種，這種傾向與那種極可能導致買高級肥皂的心理作用有什麼關係。理智責任觀必不可少的知識基礎，可以在學校裡透過純文學擴大學習更深刻的心靈體驗。一個十二歲的兒童如果在課堂裡認眞研讀，應該能夠理解卡萊爾的《伯恩斯論》（*Essay on Burns*）；而六年級的學生則可以從華滋華斯的《序曲》裡學到不少東西。

不過，精心教授人天性中感情的和理智的東西以使人把理智和激情的協調想像爲一個道德理想，對於這個問題還需要進行認眞的思考和觀察。例如：在所有文明國家中，性本能愈益成爲一個被認眞思考的議題。在性的領域裡，以考慮後果爲基礎的行爲正要求對純粹衝動採取愈益增強的克制。但是沒有人能提出明確的方案，使在青春期前或期間教授性本能的事實，而不過早的刺激這些本能衝動。

再者，醫生們愈來愈認識到營養不僅依靠食物的化學成分，而且還依靠食欲；我們能夠意識到自己的食欲，並在某種程度上用意志加以控制和引導。不久前，威廉・馬克厄文爵士（Sir William Macewen）說過這樣一句話：「我們要好好地消化吃進去的食物，就必須輕鬆愉快地從享受的角度對食物表示熱烈歡迎。」[24]但是，要透過教學來創造威廉・馬克厄文爵士所暗示的那種理智和衝動的協調卻非易事。如果你告訴一個孩子，食物之所以有益於健康，是因爲我們喜歡它，因此我們有責任喜歡那些對我們身體有益且討人喜歡的

【23】萊爾（一七九七—一八七五），英國地質學家。——譯註

【24】《英國醫學雜誌》（*British Medical Journal*），一九〇四年十月八日。

食物，然後你會發現你激勵不了他的行爲，反而使他覺得可笑。

所以，就政治情感而言，說教師必須先使學生意識到那些感情的存在，然後增強它們的力量，最後使它們受對政治行爲結果的慎重推理的控制，是極其容易的；但是在學校的實際教學條件下實作卻是困難至極的。艾克蘭先生（Mr. Acland）一八九三年擔任教育大臣時曾在夜校章程中加進了一個「公民生活與義務」教學大綱。它詳細說明收稅員、警察等在社會生活中發揮的作用，每一部分都穿插一個教訓，如「光爲個人利益服務是不夠的」、「好政府需要熱心公益精神和智慧」、「投票選舉需要誠實」、「投票既是責任又是權利」。幾乎每個教育出版社都趕印出一本關於這個主題的教科書，許多教育委員會都鼓勵推廣它；可是這個試驗經過慎重實驗後卻公認失敗了。這些新教科書（這些書當時都由我審閱）恐怕是曾經在書架上占有一席之地的書當中最無用的，含有各種教導和訓誨的課文沒有引起學生絲毫的興趣。如果要使我們的少男少女像蘇格拉底的學生一樣深深地被國家這個概念所打動，教師和教科書的編著者們顯然必須以類似蘇格拉底對眞理的熱愛以及他的辯證法的嚴格精神對待他們的工作。

還有，如果兒童在幼年仍要在學校裡學習威爾斯先生所稱的「國家意識」（The sense of the state）[25]，那麼，我們或許可以透過回憶雅典獲得成功所繫條件的暗示。兒童在心裡記住倫敦的百萬人口以及下水道的長度，是不會學會熱愛倫敦的。如果要用文字激發他們的愛，這種文字必須像《伊底帕斯在柯隆納斯》（*Oedipus Coloneus*）中稱頌雅典的合唱詞一樣優美。但是這種文字只能出於對他們所寫的東西有切身體會的偉大詩人之手，在我們能有一位愛倫敦猶如索福克里斯（Sophocles）[26]愛雅典的詩人之前，恐怕必須使倫敦本身變得更美些[25]。

不過，最容易激發兒童感情的不是文字，而是見聞。因此，要使兒童愛國，就必須讓他們欣賞國家最壯麗的景物，或讓那些景物在他們心頭呈現。一棟公共建築物或一場儀式要讓兒童無畏的雙眼留下難忘的印象，必須像雅頗（Ypres）或布魯日（Bruges）[27]的建築，或日本的祭儀一樣真正令人難忘。幸虧社會生活的美好面向不只體現在建築物和儀式中，沒有一個溫徹斯特兒童到蘭波特（Landport）貧民窟訪問多林神父（Father Dolling）歸來後會無動於衷，儘管兒童的雙眼在洞視真相時，對於個人意圖的理解遠高於浮華的表

---

[25] 威爾斯，《美國的未來》（*The Future in America*），第四章。

[26] 索福克里斯（前四九六—前四〇六），古希臘三大悲劇作家之一，前述《伊底帕斯在柯隆納斯》的作者。——譯註、編按

[27] 雅頗和布魯日均為比利時著名風景勝地。——譯註

象。

成熟政治人物在刻意強化自身政治情感的道路上遇到的困難更爲微妙。一個在倫敦教育委員會畢生從事教育工作的人告訴我，當他對自己的工作感到厭倦，當報告裡的文字變成僅僅是文字，統計表上的數字僅僅是數字時，他總是動身到一個學校裡去，細細觀看一個個班級裡學童的臉，直到工作的動力又重新回來爲止。但是，對於一個準備作這種試驗的人來說，甚至「情感」這個單字也是危險的。開足馬力幹活的勞工嚮往的是寧靜與平和，而不是猛烈和騷亂的衝動；他的幹勁一旦被激發，應大幅的處於全然自覺的狀態下。醫院裡的外科醫生被一長排病床上的景象和聲音所刺激；如果只看到少數幾個病人送到他房裡，工作會提不起勁。但是他在工作時間唯一意識到的就是救人這個目的，大腦、眼睛和手的半自覺衝動都和諧地集中在這個目的上。

多數成熟政治人物意識到新的罪惡可能比新的美德更有益。例如：有一天，「輿論」（opinion）這個詞彙本身可能被公認爲最危險的政治罪惡的代名詞。人們可能借助習慣和聯想教會自己去懷疑那些在他們不動腦的情況下莫名其妙地鑽進他們腦中的傾向和信念；而這些傾向和信念的來源只要未被追究，任何一個老練操盤者都能被僱用來製造這些思維。世界上最容易統治的國家乃是居住著一群不信奉國教的商人的國家，他們在生活中從來不進行政治判斷，一發現自己腦中有一個強烈的政治信念，就宣稱那是個「良心」問題，因此不在懷疑或考慮的範疇之內。

但是，可能有人會問，認爲柏拉圖的「靈魂和諧」觀——激情與理智兩者因自覺協調而強化——能成爲現代國家普遍政治理想的一部分，豈不是如烏托邦般的空想？在日俄戰爭之前，恐怕多數人會回答「是」。現在多數人會回答「不是」。據說日本人在某些方面的理智道德觀顯然比法國人差。例如：我們聽到過不少事情，證明在日本大學裡，思想自由並不總是獲得重視。但是，在備戰與戰爭年代中，日本人兼雜感情和理智的態度，在歐洲人看來是嶄新的東西。拿破崙堅決反對那些把事物看作他們希望是的事物的「思想家」，並且在他自己屈服於那些幻想前將他們摧毀。但是我們把拿破崙的洞察力歸之於自私。在日本這個國家裡，每個士兵在戰爭中都勝過拿破崙，都比拿破崙更加決心與其看到偉大的原則或突出的傳統，不如看到客觀的事實；然而他們的愛國主義烈火卻比甘必大（Gambetta）[28]還熾熱。其中一個原因可能是日本人遺傳的組織性，但更可能是他們

【28】甘必大（一八三八—一八八二），法國總理、第三共和國奠基者之一。——譯註

心境的影響。他們對科學觀表示由衷的歡迎；這個觀念是首先在歐洲得到詳盡闡述的，目前依然在和一些舊的觀念作抗爭。對日本人來說，科學是與自然之道聯合而且確實融爲一體的，自從他們透過中國從印度學會自然之道以來，自然之道一直是他們各種宗教的基礎。[29]因此，他們養成了一種宿命論的，而非聽天由命的人生觀，結合絕對服從造化與不懈地思考和行動。

人們希望，在西方國家，宗教的感情和哲學傳統與科學所引進的新的理智任務觀間能發生同樣的融合。這種融合將會產生巨大的政治影響。但是眼下這種希望尚難實現。在整個基督教界，舊信仰與新知識之間不可避免的衝突，恐怕不僅在宗教與科學的結論間，而且還在宗教與科學的心理習慣間產生了分歧。今天的科學家不再夢想從一位英國主教那裡學會一條規律（就像他們的前輩從巴特勒主教（Bishop Butler）那裡學會行爲概然性學說（The Doctrine of Probability in Conduct））——想法決不可僵化，必須永遠向新證據的最小徵象開放，在必須行動的時候，要堅決按照不完善的知識（如果那是可以獲得的最好的知識）行動，就像按照最完善的論證行動一樣。最新的一道梵蒂岡通論（Vatican Encyclical）的方針不會讓更多的修道院院長像孟德爾（Abbot Mendel）[30]那樣在多年耐心觀察中爲生物進化得出一個新的生物學基礎。在政治中，心理習慣的作用遠比接受或拒不接受教條或證據來得重要。當一個英國教士坐在早餐桌前閱讀《泰晤士報》或《郵報》（*Mail*）時，他對當天新聞的看法不是取決於他是否相信上帝本身對於不抵抗主義與貧窮所訂下的戒律，而取決於他所接受過關於透過自己的論述洞察因果關係的訓練的程度。事實上，詹森博士（Dr. Jameson）對於約翰尼斯堡（Johannesburg）突襲的聲明像號角一樣激勵了多數教士，而關於最近的一位社會黨議員不是正人君子的暗示，則在他們當中產生了一種眞正厭惡和失望的情緒。

因此，新理智行爲理想可能要在多方面涉及我們生活的心理態度發生更大變化後，才能在政治中產生有效影響。總有一天，理智和激情協調一致的觀念將會在我們道德意識的最深處取代目前可憎的混亂和無益的爭鬥。當那一天來臨後，政治中許多現在不可能的事情都將變爲可能。政治人不僅能控制和引導自身的衝動，對其性質能更充分地瞭解，而且還能使聽眾理解他的意圖。屆時，大臣和議員們將會從日本最好的官方報紙那些我們聽來

【29】可見岡倉由三郎（Okakura）（一八六八—一九三八），《日本精神》（*The Japanese Spirit*）（一九〇五年版）。

【30】孟德爾（一八二二—一八八四），奧地利植物學家、天主教修士與修道院院長。——譯註、編按

非常奇怪的質樸語言中找到最有力的表達方式，而公民將學會像日本軍隊期望他們的將軍那樣期望他們的議員殫思竭慮；只有那樣，人類才能同時成爲自然的僕人與主人。

第二章　代議政體

然而我們對政治衝動的原因以及有效政治推理的條件的愈益豐富的知識，不僅可望改變政治行爲的理想，還會改變政治制度的結構。

前文我已經指出，產生了當今絕大多數文明國家在其下生活的體制的民主運動，乃是由一個純理智的人性觀所激發，這個觀念正在年復一年地變得不眞實。因此我們可以問，如果代議民主是在對其作用的條件的錯誤認識下實行的，那麼它的實行本身是否就是一個錯誤？

任何一個擯棄傳統民主哲學而爲代議民主辯護的人，在回答這個問題時都只能從頭做起，研究代議制打算達到什麼目的，這些目的對於好政府必要到什麼程度。

第一個目的大致可以用「同意」兩字來說明。代議政體的實質在於依靠相當一大批人民定期更新的同意：所需要的同意的程度可以從單純接受既成事實到宣布多數公民作出的、政府必須予以解釋和服從的積極決定。

因此，實行代議民主是否錯誤這個問題又引出了社會成員的同意是否是好政府的必要條件這一先決問題。對於這個問題，柏拉圖（在古代政治哲學家中，他的觀點最接近當代心理學家的觀點）毫不猶豫地回答：否。在柏拉圖看來，一個穩定的政體竟必須以轉瞬即逝的民意爲基礎，是不可思議的。因此，他鄭重其事地建議他的理想國的公民們要生活在那些靠「拚命工作」[1]而獲得隱藏在現象背後的現實知識的人的專制統治之下。孔德寫作之際正值現代科學開始顯示力量，他實際上也提出同樣的建議。H. G. 威爾斯先生在他的一個眞摯而勇敢的推測中也師法柏拉圖。他描繪一群飽學的科學家自發地成立一個以暴力推翻代議政府而建立的烏托邦貴族政府。他在一段明顯受柏拉圖形而上學影響的話裡表示：「覺醒和受啟發的人在表面世界的欺騙和愛國心、怨恨和人身攻擊背後組織起來的全面運動……」[2]。跡象表明，英、美兩國有愈來愈多既渴望社會改革，又對民主經歷深感失望的思想家可能「回歸柏拉圖」，把它作爲職業政客冷酷地操縱人民衝動和思想的替代方案；這個問題一經提出，無論我們現有的思想習慣，還是我們對民主傳統的忠誠，都不能阻止它獲得充分討論。

對於這樣一種討論，我們英國人，作爲印度的統治者，能夠提供比現代文明條件下曾經嘗試過的任何無需獲得同意的統治經驗更加豐富的經驗。英屬印度文官組織約有一千

[1] 柏拉圖，《理想國》，第四九四頁。

[2] 威爾斯，《現代烏托邦》，第二六三頁。威爾斯：《預言》（*Anticipations*），第一四七頁：「現代國家選舉產生的民主政府沒有一個不能在五分鐘之內被粉碎。很明顯的，無數重要的公共問題上無集體意志可言，一般人頭腦裡除漠不關心外一無所有；選舉制度只是把權力交在最精明老練的競選者手裡。」

名訓練有素的人。他們是在這樣一個制度下選拔出來的，這個制度保證他們幾乎都智力超群，而且還屬於一個（儘管有某些智力上的限制）統治能力極強的種族；與此同時，他們在近似專制主義的制度下統治一個大陸；在那個大陸裡，人數最多的種族儘管頭腦敏銳，卻缺少具統治能力的證據。

然而，我們在印度進行的試驗表明，所有人，無論挑選得多麼仔細，訓練得多麼周到，還是不得不居住在「表面世界」。英裔印度文官在工作時間實行水利工程、林業或防止饑荒計畫時，可能生活在一種科學氣氛裡，遠遠離開他那個地區村民的嫉妒和迷信。但是，判斷一個專制統治者不只是看他選擇政治手段的效率，而且還要看決定他選擇的目的的人生觀，而英裔印度人的人生觀不是受一千年後歷史將證明的英屬印度問題的限制，而是受小的政府所在地內日常生活的種種因素（包括惱人的風氣、狹小閉塞的社會以及一個異己的、可能敵對的種族的持續存在）的限制。我們確實還沒有嚴格執行柏拉圖的系統，沒有用選擇英裔印度官員的同樣方法來爲他們選擇妻子。但是，即使我們這樣做，一位夫人對內文森先生（Mr. Nevinson）說：「對於我們這些在印度的人而言，一個親土著的人根本就是個十足的外來者。」[3]這位夫人所言恐怕仍是具有代表性的。

一個甚至更重要的事實是，由於英裔印度文官統治的那些人也生活在表面世界，他對所有涉及民意問題的解決方法的選擇，甚至比他如果是國內一位黨派政治人物更澈底地不是依靠本來面目的事物，而是依靠能使之看上去如此的事物。因此，我們的許多高等官員總是把大英帝國在東方的戰術放在心理基礎上而不是放在邏輯基礎上加以考慮。我們控制「德巴」（Durbar）[4]，發布公告，槍殺無辜，並在對付列強時堅持對我們的權利作出自己的解釋，一切都離不開「對土著心理的道德影響」。還有，如果極端帝國主義作家和評論家暗示的事情有一半是眞的，那些認爲必須不惜一切代價維持我們統治地位的人，即使不鼓勵，也往往對印度人與穆斯林之間的種族仇恨和宗教仇恨表示歡迎。

因此，理智與民意之間的關係問題，將至少像存在於柏拉圖的專制政體一樣地存在於最澈底的民主政體。休謨（Hume）在他的《政府基本原則》（*Of the First Principles of Government*）中有一段深入人心的話：「政府只建立在民意之上；這個原則既應用於最自由和最得民心的政府，也應用於最專制和最黷武的政府。」[5]當一位沙皇或一名官吏覺得

---

[3]《國家》（*The Nation*），一九〇七年十二月二十一日。

[4] 德巴，印度土邦君主等宮廷的正式接見室。——譯註

[5] 休謨，《論文集》（*Essays*），第四章。

自己在統治時必須反對一種隨時都能創造一個壓倒所有民族目的的模糊民族感情時，人類的邏輯本性就會被最無情地利用。於是獨裁者就成爲最無恥的煽動者，挑起種族、宗教或社會仇恨或對外戰爭的欲望，比民主國家中一家最惡劣報社的老闆更肆無忌憚。

柏拉圖以他慣有的魯莽面對這個困難，建議他的理想國應該以宗教信仰一勞永逸地獲得國民階級的忠誠。共和國的統治者們必須建立和傳播一個他們自己無需信仰的宗教。他們必須對人民撒一個「冠冕堂皇的謊」[6]；這種救治辦法就它對他們統治特性的最終影響來說，可能比它要醫治的病更糟。

但是，即使承認未經人民同意的統治是一個複雜和醜惡的過程，並不就此可以說經人民同意的統治永遠是做得到的，或代議政體是唯一可能或永遠最可能獲得同意的方法。

由一個被人們慣性服從，本身由於習慣而防止暴政的首領實行統治，在某些文明階段可能勝於任何其他可行辦法。代議制即使在能夠實行的時候也並不是一個永遠不變的實體，而只是一個能有無窮變化的權宜之計。在當前的英國，我們給年滿二十一歲，在同一個地方居住滿一年的男子以議員選舉權，並按地區劃分的選區列入選舉名冊。但是在年齡、性別、資格和選區以及賦予議員的政治權利各方面，是可能有變化的。

確實，如果出現一個不是受范尼隆（Fénelon）[7]和愛爾維修（Helétius）[8]的訓練，而是受種族心理學訓練的當代邊沁，他的天才和耐心的最充分發揮莫過於發明這樣一種憲法上的權宜之計：在大英帝國一些地方實行恰如其分的同意的統治，在那些地方，人們能自己思考政治問題，但是英國議會體制在那裡卻行不通。例如：在埃及，據說在一般地方性選舉中，只有百分之二有選舉權的人前往投票站投票。[9]只要情況是這樣，代議政體就決計實行不了。緩慢的教育過程可能提高選民的百分比，但與此同時，那些懂得埃及人或阿拉伯人的思想感情方式的人，肯定會找到其他方法來弄清楚當地人民模糊的願望，並使政府的決策多少倚重這種願望。

在印度，發明這樣一種憲法上的權宜之計的需求甚至更爲迫切，印度政府本身顯然已經認識到這點。不過，莫利勳爵及其智囊的發明創造力，目前似乎並未超出將英國上議院的模式照搬於印度以及組織一個「名人顧問委員會」[10]的範疇；其結果可能是我們在與農

[6] 柏拉圖，《理想國》，第四一四頁。

[7] 范尼隆（一六五一—一七一五），法國聖職者、思想家、文學家。——譯註

[8] 愛爾維修（一七一五—一七七一），法國哲學家、啟蒙思想家。——譯註

[9] 《泰晤士報》，一九〇八年一月六日。

[10] 《下議院中的莫利先生》（*Mr. Morley in the House of Commons*），收錄於《英國議會紀錄》，一九〇七年六月六日，第八八五頁。

民打交道時向孟加拉的世襲收稅員請教，在管理工廠工人方面向孟買的工廠主請教。

在英國本土，儘管政治發明永遠大有可能，新知識爲我們政治體制帶來的變化卻可能沿著緩慢地起作用的、已經看得出的傾向所規定的路線進行。

例如：在過去三、四十年裡，聯合王國制定了一系列法律，每一條法律與其他法律沒有什麼明確的聯繫，但從整體看，卻表明政府如今不但要控制弄清楚選民決定的方法，還要控制該決定據以作出的更複雜的方法，這樣作不是爲了哪一種輿論團體的利益，而是由於相信正確思考方法的通用以及透過控制來鞏固這些方法的可能。

要瞭解這種變化的性質，最好是把它與陪審團裁決形成過程中所發生的類似的、然而較早和遠爲澈底的變化作一比較。陪審團審問就其起源來說，純粹是一種從普通人那裡聽取他們對每個案件的眞實意見的方法，而這些人的誠實是以宗教制裁爲保證的。至於這些意見如何形成，皇家官員是管不了的，皇家官員的任務只是把陪審員召集起來，讓他們宣誓，並把他們的裁決記錄在案。因此，英國的陪審團可能是按照同雅典陪審團一樣的方式發展起來的，也由於同樣的原因而消亡。陪審團的人數可能會增加，各方可能聘請律師爲他們書寫或遞狀，狀子中歪曲事實，製造偏見，猶如德摩斯梯尼（Demosthenes）[三]《演講錄》（*Private Orations*）一樣厚顏無恥。證人激動得涕淚交流可能比他們說出眞話更加重要，最後的裁決可能在一個迅速退化爲烏合之眾的人群中舉手表決。如果這樣一種制度沿用到今天，報紙在每一重大案件中都將各自偏袒一方。每家報社都對案情有不同的看法，最有力的論據要保留到判決前夕才見報，被告的命運往往將取決於嚴格根據黨路線投的一票。

但是，在英國的陪審團審判中，經過一系列細微、已被遺忘的變化，陪審員的意見已不再形成於審判開始之前，而是在法庭上。因此，意見據以形成的方法愈來愈澈底地被控制和發展，直到它（不是僅把裁決記錄下來）成爲裁判的特徵。

如今陪審團在整個審案過程中是與他們的同胞隔離的。他們被引入一個新的感情價值的世界。法庭的儀式、法官和律師的嗓音和服裝全都表明一個環境，在那個環境裡，日常生活的瑣碎利益和衝動與眞理和正義的最高價值相比，是不重要的。他們受到警告，要他們去除心中所有先入爲主的推理和感情。對證人的訊問和盤問按照舉證規則進行，這些規則是悠久經驗的結果，使不少陪審員生平第一次上了一堂課，知道人的頭腦裡沒有經過觀察、不受控制的推理極容易犯錯。「我說」、「我想」、「他說」等常見推理材料在法庭

【三】德摩斯梯尼（前三八四—前三二二），古雅典政治家、雄辯家。——譯註

上是被排除的，因爲它們「不是證據」，證人必須把他們記憶中的所見所聞簡單地陳述出來。

原告和被告的證人，如果他們是好心人，往往會驚奇地發現自己把待裁決的訴訟說得頭頭是道。律師的辯護技巧多少受職業習慣及法官權威的限制，他們互相向陪審團指出對方的錯誤時十分小心謹愼。新聞記者不得入陪審席，法律規定不許對審訊中的案件加以評論，違者以藐視法庭罪論處。法官作總結，詳細地說明對爭端進行有效推理的條件，並告誡陪審團要防止那些經驗證明最容易發生的非理性和下意識推理。陪審員於是退庭，腦子裡全裝著同樣經過簡化和分析的證據，全都被敦促用同樣的思維方法形成他們的結論。因此時常發生這樣的事：十二個透過抽籤選出的人對一個問題會作出完全一致的裁決（如果在法庭外面，他們對這個問題會有極大的分歧），而那個可能取決於其難度使老練精幹的法官難以決斷的罪行問題的判決在一般情況下都是正確的。一次組織有方的陪審團審判期間的英國法院確實是個實驗室，其中有效推理的心理規則由實驗說明；一旦那些規則無法執行，就像在美國某些州和市快要發生的那樣，陪審制度本身也就崩潰了。[12]

與此同時，陪審員審判目前是實行得相當少的，既因爲這種制度作用慢、開銷大，又因爲人如果經常被召去當陪審員就當不成優秀的陪審員。爲了使刑事審判獲得人民的支持，爲了使法律不至於被不公正地用來保護統治階級或統治者的利益或政策，大多數文明國家都明文規定：任何人非經陪審團裁決，不得判處死刑或長期徒刑。但是，其他絕大多數的司法裁決現在不是由抽籤選出的人，而是，至少在理論上，由因爲特別勝任這項工作而入選的人作出的。

根據陪審團審判的這種發展情況，現在我們可以來檢查一下自從《一八六七年改革法案》（*The Reform Act of 1867*）頒布以來，聯合王國選舉法所進行的一系列試驗性改革。早在一八六七年以前，大家就承認國家不應過分強調個人自由原則，以致對候選人可能施加於選民的動機不聞不問。很明顯，如果容許候選人公開行賄，整個代議制度馬上就會垮掉。因此，反對行賄的法律在幾個世代裡一直載入法令全書，這方面唯一需要的是在一八八〇年大選醜聞發生後努力使這些法律生效。但是，一個有錢的候選人可以不和個別選民作討價還價的交易，而逕自在競選中大把大把地花錢，既使他本人大受歡迎，又製造一種印象，似乎他和選區的關係對產業大有好處。因此，一八八三年的反行賄法對議員競

【12】關於陪審制度，參閱威爾斯先生的《發展中的人類》（*Mankind in the Making*）第七章。他建議在許多行政案件（那裡政府最好能獲得人民同意）中使用陪審團。

選中每位候選人的支出規定了最高限額。按照一八八三年的同一法令以及此前和此後許多應用於議會選舉和市選舉的法令，各種恫嚇，包括以死後報應相威脅，都在禁止之列。任何徽章、旗幟或樂隊的費用均不得由候選人或替候選人支付。爲了使政治見解不受較簡單的口腹快感影響，任何競選集會都不得在慣性出售飲食的場所舉行，即使該場所只不過是一個接待室有茶水供應的合作社大廳。

誠然，現行《反行賄法》代表的毋寧是國家日益增強的控制選民意見據以產生的條件的方針，而非實現該宗旨的成功措施。今天，英國任何一次選舉的開支愈來愈大的一部分是由選區外的團體承擔的，名義上不是爲了使哪一個候選人當選，而是爲了宣傳它們自己的原則。有時候，如果它們退出，它們支持的並盡可能使之受義務束縛的候選人反倒會如釋重負。它們的代理人通常是候選人的競選團隊的一部分，它們在一次競選中的全部支出往往是由候選人向中央基金作專門捐助加以補償的。誰都知道，這種做法是明目張膽地鑽《反行賄法》中那些限制競選費用並禁止出錢僱用遊說者的條例的漏洞，雖然至今尚未有人提出任何計畫予以制止，但是眾所公認，除非放棄整個競選原則，否則就必須制定新法；羅伯特·塞西爾勳爵（Lord Robert Cecil）已經談到一項「嚴厲而涉及面廣的《反行賄法》」的必要性。[13]不過，一項法令要嚴厲的能夠有效地制止目前競選伎倆的翻新，就只能根據涉及新的、從未想到過的干預政治宣傳自由的方針來制定。

一百年前，任何一個選區的一次選舉可能熱烈地持續三、四個星期，在那段時期內，選民的心境一天比一天不適宜對他們投票的可能結果進行認眞思考。現在，沒有一次選舉可持續一天以上，我們可能很快就會頒布法律，規定大選所有投票都必須在同一天進行。目前，在甚至持續幾周的大選角逐狂熱中，報社外頭的選票數字逐步高升，入夜閃光燈通明，政黨俱樂部裡群眾歡呼或歎氣，這一切不僅浪費精力，實際上還阻礙了有效的政治推理。

在關於投票的討論中，還產生了一個更棘手的心理問題。一個選民在作出一個經過認眞思考的熱心公益的決定以後，是記名投票好還是不記名投票好？絕大多數邊沁的信徒都贊成不記名投票。鑑於人是按照他們的快樂和痛苦觀行事的，鑑於地主和雇主們能不顧任何禁止恫嚇的法律而將「邪惡」的動機加之於其投票意圖已爲人所知的選民，不記名投票似乎是功利主義的必然結果。不過，約翰・斯圖亞特・彌爾（他的全部哲學生活在於逐漸發展起來的對功利主義哲學的厭惡，最後只在名義上對功利主義加以支持）卻反對不記

【13】《泰晤士報》，一九〇七年六月二十六日。

名投票，其理由眞正意味著放棄整個功利主義觀點。彌爾說，如果把快樂和痛苦的觀念等同於那些可總結爲賺錢或賠錢的經濟動機，說這些觀念是促使人民投票的主要原因，哪怕在記名投票制下也是不正確的。「一千次中只有一次，例如：在和平或戰爭的情況下，或減稅的情況下，他可能會想到，如果他投票支持的一方獲勝，他一年的開銷將可節省幾鎊或幾先令。」事實上，他投票是按照是非觀。「他的動機，如果是個正大光明的動機，是希望做得正確。我們不打算管它叫愛國主義或道德原則，以免給選民的心情抹上一層不屬於它的莊嚴。」但是，當我們知道我們是在眾目睽睽之下投票，是非感是加強了，而不是削弱了。「這樣，由於促使一個人老老實實地投票的眞正動機，基本上不是一個徇私的動機，而是一個社會性的動機，要決定的問題就是：與一件事相聯繫的社會情感以及做這件事的社會義務感，是否能夠和這件事如果是祕密做的，做的人既不因爲無偏私而受讚美，也不因爲作風卑賤自私而受指責同樣地強烈。但是這個問題一提出就解決了。既然一個人生活中所有那些與對他人義務有關的事情如果公開出來和受到批評，一般都有助於這個人改進行爲，那麼不可能唯獨在選舉議員這件事上由於不公開和不受批評而做得更好。」[14]

今天，幾乎整個文明世界都已實行不記名投票，因此彌爾好像是錯了，儘管與堅定不移的功利主義者相反，他對一般人的動機的說明是正確的，但他還是錯了。彌爾雖然很快就不再是原來意義上的功利主義者，卻始終是個唯理智論者，他在不記名投票這件事上犯了把政治衝動作過分理智和邏輯描述這個老錯誤。人在政治行爲上的確不是僅根據證券交易所物質上有利和不利進行評估的。他們一般是根據對政治行爲的良好結果或不良結果的模糊推理形成模糊的是非感。如果選舉和陪審團審判一樣，這種推理可以透過一個在思想者腦中留下一個基本信念的過程形成，而且可以在宗教和公民道德的莊重氣氛下表達，其力量由於公開宣示而增強，彌爾所謂的「一個人生活中所有那些與對他人義務有關的事情」（比方償還因打賭或賭博而欠下的債務或公正地對待親戚）就是如此。但是，在現行選舉條件下，一系列往往由報紙或傳單的半自覺暗示產生的想法與感覺到的事物相比，是脆弱的。除了直接的恐嚇之外，遊說者的噪音、朋友的興奮、對手臉上得意的神色，或村長隱隱不贊同的表情，都比一個人腦中得出的朦朧、不確定的結論強而有力得多。因此，不記名投票使思想能最充分的發揮，遊說者至少必須在選民腦中製造一種儘管朦朧然而眞

【14】《給讀者的信》（*Letter to the Reader*），一八六五年四月二十九日，署名J. S. M.。亨利・羅米利（Henry Romilly）在其《公共責任與選舉投票》（*Public Responsibility and Vote by Ballot*）一書中作為彌爾的話予以引用，第八十九、九十頁。

誠的信念，而不是靠操縱瞬間的衝動而獲得一個許諾，選民因爲作了許諾只好怯生生地當眾履行。

考特尼勳爵（Lord Courtney）是公眾生活中彌爾碩果僅存的信徒，眼下正致力於開展一個贊成「比例代表制」（proportional representation）的運動。在這個運動中，我覺得，老的唯理智論誤解又改頭換面地出現了。他建議解決兩個困難：第一，在現行「一票」制下，在任何單名制選區（single-member constituency）內，如果有兩個以上的候選人，少數人就可以選舉他們的人當代表；第二，某些自行思考而非讓政黨領袖爲他們思考的公民——例如：自由貿易工會主義者（The Free Trade Unionists）或高教會派自由黨人（The High-Church Liberals）——照例沒有代表他們自己見解、可投票支持的候選人。因此，他建議選票上應列入各大選區的候選人名單，每個選區選舉六、七名議員，曼徹斯特作爲代表選舉八名，每個選民都可以在選票上按優先選擇順序畫記。

依考特尼勳爵所述，這個做法「能擺脫目前束縛自由思想的桎梏，能使男男女女站起來，堅毅不屈，獨立不羈」[15]。但是他使用的種種論據似乎有一個致命傷，就是完全著重於民意據以確定的方式，而忽視了民意據以產生的方式。如果在巡迴審判期間，全體陪審員被組成一個大陪審團，在全體律師都發過言，全體證人都經過盤問後，如果他們對所有案件統統表決「有罪」或「無罪」，裁決的確不會再依靠各個陪審團的偶然組合，但是形成裁決的過程將在很大程度上變得無效。

比例代表制協會主要依靠的英國實驗是一次假想的選舉，於一九〇六年十一月透過協會會員和協會支持者以及八家報社發送的選票進行。「選區應選出五人；十二名候選人都是政治人物，他們的名字是一般報紙讀者所熟知的，可被認爲是各種不同意見的代表。」[16]十二名候選人的名字是：艾克蘭・胡德爵士（Sir A. Acland Hood）、坎伯・班納曼爵士（Sir H. Campbell-Banner-man）[17]、湯瑪斯・威泰克爵士（Sir Thomas P. Whittaker）[18]、休・塞西爾勳爵（Lord Hugh Cecil）[19]以及理查德・貝爾先生（Mr. Richard Bell）、奧斯丁・張伯倫先生（Mr. Auston Chamberlain）[20]、溫斯頓・邱吉爾先生（Mr.

---

[15]〈考特尼勳爵機械學院演說〉（*Address delivered by Lord Courtney at the Mechanic's Institute*），於英國斯托克波特（Stockport），一九〇七年三月二十二日，第六頁。

[16]《比例代表制手冊》（*Proportional Representation Pamphlet*），第四冊，第六頁。

[17]坎伯・班納曼爵士（一八三六－一九〇八），英國自由黨政治家、首相。——編按

[18]湯瑪斯・威泰克爵士（一八五〇－一九一九），英國自由黨政治家、商人。——編按

[19]休・塞西爾勳爵（一八六九－一九五六），英國保守黨政治家。——編按

[20]奧斯丁・張伯倫先生（一八六三－一九三七），英國政治家、諾貝爾和平獎得主。其弟亞瑟・張伯倫（Arthur Neville Chamberlain，一八六九－一九四〇）因綏靖政策而聞名。——編按

Winston Churchill）[21]、霍爾登先生（Mr. Haldane）[22]、基爾・哈第先生、亞瑟・亨德森先生（Mr. Arthur Henderson）[23]、博納・勞先生（Mr. Bonar Law）[24]和菲利普・斯諾登先生（Mr. Philip Snowden）[25]。總共收到了一萬兩千四百一十八張票。

我是一萬兩千四百一十八票之一；就我來說，選票是在一個晚宴結束時分發的。對各別候選人沒有進行討論，唯一的例外是，我不太記得亞瑟・亨德森先生，因此向旁座的人小聲提了個有關他的問題。我們都是政治人，這十二個名字幾乎都屬於耶誕節特刊畫家希望讀者認出他們長相的那一小群四、五十個人之間。

在晚宴上，從唯理智主義者角度思考名單上的名字「對於我們」就像「對於他們本身」一樣，沒有什麼差別。但是，發給一位普通選民的一張普通候選人名單「對於他」卻不過是一張印有黑色標記的紙，他拿著這張紙可能什麼也不做，也可能照人家吩咐的做。

比例代表制協會似乎假定報紙上將進行充分的初步討論——不僅名字和政綱，就連選擇某一個人當候選人，以及這位候選人的政綱的所有成因，都會讓「一般報紙讀者」知道——該讀者被認爲就是一般公民。但是，現代報業的產權是集中掌握在資本家手裡的，他們可能利用他們控制的報紙赤裸裸的爲金錢服務；即使我們無視其中包含的政治危險，每個人也未必都在閱讀或可能閱讀一份矢志忠於單一候選人或宣傳一個小政治團體的報紙。人們看報紙是爲了獲取新知，由於採製新聞的費用十分昂貴，九成的選民只看少數幾家鼓吹籠統政黨原則的老牌報紙。這些報紙——至少在大選中——只報導政黨領袖在其中作爲正式報導題材的那些活動，直到選舉當天發布「投票須知」爲止。選擇候選人的工作是由報社交給地方黨部做的；如果要使一個候選人的人格或其政綱的細節爲一般選民眞正瞭解，這項工作還得由每個選區的地方競選委員會來做，也就是開會、拜票和發送「競選文件」。依考特尼勳爵的建議，即使只把普通選區的規模擴大六倍，有效競選的難度也至少會增加六倍；即使每個候選人準備在每次競選中花六倍的錢，也不能使他的聲音的傳布範圍擴大六倍，或使他一天中能對話的集會數增加六倍。

這些想法是我親身經歷了英國歷來最近似比例代表制的一次選舉後所產生的。一八七

---

[21] 溫斯頓・邱吉爾（一八七四—一九六五），英國政治家、作家、諾貝爾文學獎得主。帶領英國於第二次世界大戰中獲得勝利。——編按

[22] 霍爾登先生（一八九二—一九六四），英裔印籍科學家，於生物、遺傳、統計學方面卓有貢獻。——編按

[23] 亞瑟・亨德森先生（一八六三—一九三五），英國鐵匠、工黨政治家、諾貝爾和平獎得主。——編按

[24] 博納・勞先生（一八五八—一九二三），加拿大出身之英國保守派政治家、首相。——編按

[25] 菲利普・斯諾登（一八六四—一九三七），英國首相、財政大臣，反資本主義者。——編按

〇年，佛瑞德瑞克・卡文迪西勳爵（Lord Frederick Cavendish）[26]勸使下議院對教育委員會選舉實行「複數投票」（plural voting）。我曾三次參選倫敦教育委員會選舉，在另外兩次中作爲助選員參加競選。在倫敦，法定規則是十一個大選區中每個選民可投五、六票，每個選區應分配數目相同的席位。在地方上，一個市鎮或教區分配五至十五個席位。選民可以把選票全部投給一個候選人，也可以把選票隨意分配給任何他喜歡的候選人。

這樣，倫敦和全國各地組織者就有兩個選擇：他們可以把每個選區的政黨候選人名單設計成像美國的「列有候選人名單的選票」那樣熟悉的東西，並鼓勵全體選民按照黨的路線投自由黨或保守黨「八票」、「五票」或「三票」。如果他們這樣做，就可以省去鄭重其事地教選民瞭解名單所列各候選人的品質的麻煩。否則，他們也可以取消複數投票法，透過自主選擇把選區分成許多單名制選區，用數周時間使每個單一選制區的一位黨候選人眾所周知。第一個方法在倫敦以外的地方普遍採用；從政黨角度來看，結果就像法國選舉名單一樣好壞兼具。第二個方法是倫敦所採用的，也許傾向於使倫敦的選舉更注重每個候選人的品質。不論政黨領袖採取哪一種方法，選民幾乎都照辦不誤，唯一的例外是組織有方的羅馬天主教徒，他們只投教會的票而不投個人的票，還有就是那些把選票都投給代表教師或校務人員專門利益的人。

如果議會選舉採用考特尼勳爵的建議，由於強烈的政黨情感，選舉人名單制將被普遍的使用。每個選民進投票站時領取一張複印的選票，上面按照黨部的決定標有1、2、3等數字，選民進站後把這些數字抄在未標明數字的正式選票上。也就是說，按照考特尼勳爵的方案，政黨策略主要依靠的不是以這種或那種方式把選票加總，而是選民必須在選舉時把許多名字按順序排列，而根本來不及等這些名字在他腦中化作具體的人。

一九〇七年四月三十日，考特尼勳爵在上議院就他的市代表議案二讀發言時，把他提議的方法與倫敦市議會選舉所採用的方法相比較，按照後者，每個選區分配一定數目的席位，選民可以對候選人各投一票，而不必指出優先順序。倫敦市的選舉機構的確是美國以外最糟的。我面前放著本黨的投票卡，指示我在目前所在市最近一次議會選舉中如何投票。我的選區有六個席位，十五位候選人。我按照黨部的指示給六位候選人各投一票，我沒有見過其中任何一位候選人。假使只有一個席位——比方說三位候選人——我至少可以充分瞭解每一位候選人的情況，多多少少獨立地投上一票，而當地的黨委會也肯定知道我

【26】佛瑞德瑞克・卡文迪西（一八三六—一八八二），英國自由派政治家，為愛爾蘭民族主義者所刺殺。——編按

和其他人會這樣做。因此，每個黨都會發送候選人的相片和關於他的競選綱領說明，也會有一個選擇一位知名人士當候選人的強烈願望。但是我沒有時間對十五位候選人形成眞正的看法，這十五人根本沒有主動說明自己的情況。因此，我只好把票統統投給了黨的候選人，參加市選舉的人當中，三十個人中恐怕有二十九個都是這樣做的。要是由於某種原因，黨委會在候選人名單中放進一隻美國式的「黃狗」（yellow dog）[27]，那我也會投黃狗一票。

按照考特尼勳爵的方法，我應當以同樣的選票、同樣多的瞭解投票，但是必須從本黨發給我的卡上抄下不同的數字。也就是說，根據一張長長的選票上的每個名字都代表一個全體選民熟知的人的這個假定，考特尼勳爵所提議的制度與倫敦市現行制度大有差別。但是，如果根據名字只不過是名字這個事實，那麼，兩種制度的作用直到計票爲止是沒有什麼了不起的差別的。

如果選舉的唯一目的是確認選民中願意投給各黨候選人的票的準確比例，並把它記錄下來，那麼考特尼勳爵的方法可以完整採用。但是，依英國和美國悠久的經驗表明，受提名的候選人的人格至少和他對黨的忠誠一樣重要，一個由選擇得當、大致代表民意的代表組成的議會，要勝過由一些選擇不當的代表組成的議會，這些選擇不當的代表，就其黨的價值而言，引用考特尼勳爵的話，卻是「社會的精華、典範、縮影和反映」[28]。

對考特尼勳爵來說，可作廣泛選擇的複數選區制（the multi-member constituency），以及可充分利用那種選擇的偏好數投票制[29]，兩者都是他的計畫中的重要組成部分。這個計畫不久後就將獲得認眞討論，因爲議會工黨崛起和晚近「三角」競爭劇烈，馬上就得處理這個問題。到那時，就可以饒富趣味地看到，關於選舉的新的、量的和心理的思考方式，日益取代老的、絕對的和理智的思考方式，是否能成長到讓下議院能夠區別兩者差異的程度。如果是這樣的話，他們會採取可讓渡投票制[30]，以克服三角競爭選舉的困難，同時保留單一選區制，使單一候選人的人格能爲全體選民所知悉。

對選舉方法進行思考的另一個結果是：一八八八年以來，議會在改革英國地方政府體制方面大大減少了選舉的次數，其公開宣布的目的是提高選舉效率。一八八八年和

【27】黃狗，原指產於美國南方的卡羅萊納犬，又指忠貞的民主黨支持者。——編按

【28】出處同註15，第十一頁。

【29】偏好投票制，選舉人可在選票上註明對候選人的優先選擇順序的選舉制度。——譯註

【30】可讓渡投票制，選舉人在選票上註明，如無人以絕對多數當選，則他的一票轉投給某人的投票制度。——譯註

一八九四年的兩個地方政府法案取消了改良委員會、殯葬委員會、教區委員會等數個選舉。一九〇二年，單獨進行的教育委員會選舉被取消，濟貧委員會選舉肯定也將隨之取消。一八九四年設立、標誌著自由黨恢復傳統民主思考方式的農村教區委員會，已經被確定是個失敗的嘗試。它們將被廢除或棄置，因爲將不再被賦予實權。但是，撇開農村選區不談，「市」的居民很快就會只參加國會選舉和市議會選舉，而倫敦或其郊區的居民只參加國會、郡議會或市議會選舉。一年平均不會被要求投票一次以上。

在美國，人們注意到同一種向集中選舉發展的傾向，並藉以作爲增強選舉責任的手段。在費城，我發現採取這種集中方式是由於心理上犯了一個根本性的量的錯誤。由於改革者只考慮到節制政治力，卻忽視了政治知識的局限性，許多選舉都合併在一天進行，以致我看到的費城「連記票」（blanket-ballot），上面密密麻麻印著一行行候選人名字，共有四百個之多。這對費城公務員的影響是明顯而可悲的。不過，在其他美國城市，集中往往表現爲撤廢許多選舉產生的委員會和官員，而代之以單獨一個選舉產生的市長，市長靠由他任命的委員會治理全市；由於指望市長的人品在選舉期間爲全體選區知曉，提名者必須鄭重考慮。

人們還注意到，下議院在就一九〇七年上議院關於有權在他們認爲對自己有利的任何時刻強制舉行大選（或公民投票）的要求進行辯論時，所顯示的以量的和心理學的選舉觀點代替絕對的、理智的選舉觀點的愈益增強的傾向。例如：赫伯特・薩謬爾先生（Mr. Herbert Samuel）[31]論證說，這個要求如果通過，將會使富人的選舉力量在政治上占到更大的便宜，因爲富人可以在上議院精心選定的日子直接並透過控制報紙採取行動。羅伯特・塞西爾勳爵反駁說：「那是對『人民的意志』怎樣的批評！」[32]他認爲薩謬爾先生沒有按照湯瑪斯・潘恩（Thomas Paine）的哲學捍衛民主有點不合理，否則他就可以用坎寧（Canning）[33]的方式來回答了。目前兩院之間的爭吵確實可能朝控制政治輿論的方式前進，以定期舉行的大選取代目前在全國騷動時突然解散議會的做法。

但是，在選舉過程中，就像在其他許多事情中一樣，人們不敢奢望理智思考中這些緩慢而半自覺的變化，足以說明解決我們日益增加的困難所必不可少的機構已大有改進，除非以一個有意識的目標加快它們。在上次倫敦郡議會的選舉中，我必須在投票結束前半

[31] 赫伯特・薩謬爾（一八七〇—一九六三），英國自由黨政治家。——編按

[32] 《泰晤士報》，一九〇七年六月二十五日。

[33] 喬治・坎寧（一七七〇—一八二七），英國首相，托利黨人。——譯註

個小時待在一個非常窮的選區的投票站裡。我眼睛注視著投票結束前一片吵嚷中必然有點不正常的活動，心裡卻在琢磨我要寫的這本書。進來投票的人是雙方助選員「選戰之夜」（final rally）動員的結果。他們一個接一個迅速而雜亂地進入室內，彷彿被一臺急速快轉而低效的機器推向前去。其中約半數是婦女，戴著破草帽，臉色蒼白，頭髮蓬亂。所有人都神情迷惘，手足無措，都是在糊火柴盒、鎖扣眼、製造蹩腳家具時，或在小酒店喝酒時，或因爲是星期六晚上，被從床上拖起來用馬車或汽車運送來的。在這陌生的環境中，他們多數人似乎在拚命記住剛才大門口提醒他們應投票支持的那個名字。有幾個人喝醉了酒，其中一個顯然是我的支持者，他一把摟住我的脖子，給我講了一樁超出他語言能力的聳人聽聞的事。我求勝心切，自以爲已經勝券在握，但是當時我的主要感覺是強烈感到這絕對不是爲一個五百萬人口的城市建立政府的哪怕差強人意的辦法，只有自覺地、堅決地面對形成政治見解的整個難題才能有所改進。

可以做些事情（也許在不久的將來就能做到）來消除英國選舉活動中一些醜惡的現象。酒店在選舉日應當關閉，既可防止酒醉和草率行事，也創造一種比較嚴肅的氣氛。可惜我們不能像法國那樣在星期日進行選舉。如果在星期日選舉，選民就可以經過二十或二十四小時休息再來投票，即使當著助選員的面也會有堅持自己思考的力量，而目前助選員的沖天幹勁必然影響剛做完一天工作的人們的疲憊神經。與星期日的宗教用途半自覺地相聯的道德責任感對思考也大有裨益，即使反對教權最堅決的人也願意冒星期日選舉會增強教會政權的風險。英國的基督教安息日，儘管有基督教創建者的記錄在案的反對，仍然受史前禁忌的傳統干擾，難以用來履行最神聖的公民職責，這種情況今後可能改變。另外還可以給投票站增添一點法院式的莊嚴氣氛，如果沒有更合適的房子，至少可以把目前使用的骯髒教室打掃裝飾一下。但是選舉日外部環境的改善無論多麼令人滿意，卻只能收到很小的效果。

有些作家爭辯或暗示，一旦人類實現社會平等，選舉過程中的所有困難就會迎刃而解。他們認爲，到那時，目前那些富人既不會有選舉舞弊的動機，也不會在選舉上花過多的錢，而目前被剝奪選舉權或政治上不活躍的婦女和勞工，則會在政治中注入一股新的動力。

如果我們的文明能垂諸永遠，社會肯定會有更大的平等。人們將不再繼續死心塌地地居住在大城市裡，那裡的條件非任何敏感的人（無論是從這些條件占便宜的，還是吃虧的）所堪忍受。但是，任何瞭解政治現狀的人都不會相信，更大的平等或選舉權普及能夠取得把政治組織中的道德和智力困境一掃而空的直接效果。

單單英國關心政治的人數的增加本身，就會帶來一個新的和困難的政治問題。英國積極從事政治，也就是除投票選舉外還參加其他政治活動的人，目前還是極少數。不久前，我要在一個競選大會上講話，但是弄錯了會址，來到倫敦北面一個陌生的地方，只好逢人就打聽會場或黨部辦公室所在。我有好半天一無所獲，最後總算有一個正要回家去吃午茶的馬車夫告訴我，他住的那條街上有一個賣牛乳的人是「搞政治的，可能知道」。倫敦有七十萬選民，而一位最有資格瞭解內情的人告訴我，眞正參加各黨選區年會的只有不到一萬人，各種黨組織的成員只有不到三萬人。政治工作被分配給一批專門的熱心分子（被不少鄰居當作好心的愛管閒事者）去做，這種分工在英國多數地方不及在倫敦來得普遍。但是，據我所知，在英國任何一個郡裡，眞正積極參加政治的人數都不到全體選民的百分之十。

我認爲，跡象表明，這種現象很快就會改變。《英國初等教育法》（*The English Elementary Education Act*）是一八七〇年通過的，小學到一八八〇年可以說已卓有成效，一八八〇年入學的人，當時六歲，現在已經三十四歲。報紙和平價書的產銷以及免費圖書館使用的統計資料表明，英國年輕一代勞工閱讀的書報比他們的父輩多好幾倍。這一點，再加上各城市理智活動普遍增多，在社會問題日趨嚴重的情況下，極可能使人們對選舉的興趣大增。假使事實果然如此，目前在地方選區內主持英國三大黨事務的少數工作人員，就會發現自己陷入無數個堅持要在挑選候選人及制定政綱方面出一份力的支持者的重圍。這樣一來，每個地方黨部的委員會、執行委員會以及官員的任命方法將變得更複雜。議會將和美國的許多州一樣不得不制定一系列法令來防止政黨內部管理中的欺騙行爲。老百姓將會比現在更清楚地認識到，有效地行使選舉權不光是選舉當天在選票上畫記，而是要積極參與任命和控制黨部的工作——對於這項工作，許多其見解對國家極其寶貴的人眼下是本能地敬而遠之的。

但是，關心政治從極少數人擴充到大多數人所引起的最嚴重的困難，與其說是政治機器方面，不如說是政治動機方面。令人驚訝的是，早期的英國民主主義者認爲個人利益是政治的唯一動力，竟想當然地（沒有認識到這種想當然的性質）說，一個當選議員如果任期很短，必然會感到本身的利益與社會的利益完全一致。[34]目前有爲數甚多的人，其想像力和同情心足夠敏銳和豐富，願意爲民眾利益從事無報酬的競選和管理工作。但是，每一

[34] 詹姆斯·彌爾（James Mill），《政府論》（*Essay on Government*）（一八二五年），第二十七頁：「我們已懂得用什麼方法可以防止議員中產生一種與選擇他們當議員的人們的利益不同的利益，那就是，不給他們充分時間可以不遵照那些人的意願行事。」

個選戰成員都知道，這樣的人數向來不足，而議員的報酬儘管能使目前被關在門外的好心人挺身而出，同樣也使不太高尚的動機變得更加有效。行政工作和立法工作集中於內閣之手雖能節約時間和精力，卻使下議院年復一年變成更乏味的場所。最近議員們常常對我深表憂慮，惟恐下議院的成員會嚴重劣化。

就兩個老黨來說，主要的直接危險是，由於競選費用日益增加，立法對商業和金融的影響日益擴大，愈來愈多的議員和候選人將從「新生」的公司發起人和金融人士中產生。另一方面，工黨現在可以吸收足夠眞正熱心公益的人，它在這方面的困難不在於意料中的人性自私，而在於勞工階級生存的社會和理智環境。在過去二十年中，我曾經與不少英國勞運人士打交道，有幾年是接連不斷，後來是斷斷續續。我發現——他們基本上占有極大優勢——就是生活中一些實在的事情對他們本來就是實在的。比方說，在英國就和在歐洲大陸一樣，有「階級意識」（class-conscious）的勞工是防止恐怖歐洲大戰的主要支柱。但是，隨著他們人數和責任的增加，我認爲，他們必須學習大規模代議政體的理智制約的一些相當深刻的教訓。城鎮勞工生活的天地裡是很難選擇朋友的。如果他是豪爽性格（成爲政治人物的正是這種人），就只能在工作場所裡找夥伴，在廉價公寓裡找鄰居——這些人都生活在他周遭。因此，他的存在所必不可少的社會美德就是愉快地容忍人性的一般缺點。他十分清楚自己工作的職務不可靠，習慣幫助人和被幫助，極不願使任何人「丟掉飯碗」。他的父母和祖父母讀書甚少，他是在一個沒有幾本書的家庭裡長大的：如果他長大後自己也不讀書，不是他直接觀察到的東西對他來說就相當虛幻模糊，對不懂的事情很容易多疑。另一方面，如果他成年後才開始讀書，文字和思想對他就容易有一種抽象和概括的氛圍，與他的日常生活格格不入。

現在，政府所需要的美德首先是習慣於懂得我們從書本中推斷出其存在的事物就和我們親身感受的事物一樣地重要，例如：從一張候選人名單中找一個合適的人，並用衡量一個他曾經在前一天見過並對之喜歡或同情的人的同樣標準來衡量一個從未見過的人；或以完全不偏不倚的態度就一項從地圖上知道的地區與天天見到的地區之間的改良措施作出決定。如果一個當選治理一大片地區的代表讓他的親朋好友和自己的好惡左右他的決策，他的親朋好友和他的好惡就會被那些別有用心的人策動和利用。同樣的困難產生於紀律問題，受一位官員無能之害的千千萬萬無名者的利益，必須與這位由於受處分或撤職而受損失的官員的利益相抵銷；正如一名勞工必須使廣大消費者的利益與他對自己同事的同情相抵銷的無數事例一樣。

這些事實所產生的政治危機目前對國會中工黨的影響還不大。被選送進國會的勞工至今都是一些智力超群、道德高尚並有豐富政治經驗的人。但是，任何一個旨在實現社會平等的計畫，其成敗主要都決定於實施該計畫的地方機關，而勞工階級只能派送一些能力和經驗都有局限的人到這些機關去。我本人在許多選舉產生的地方機關工作過，從來沒有一個機關的多數工作人員是領周薪的。但是我和不少工作人員談過話，他們當中勞工階級和中產階級出身的都有，他們所說的話證實了我從切身觀察得出的結論，即在這樣一個機關裡，既能看出高度的熱心、同情和工作幹勁，又能看出在處理局部利益和執行官方紀律方面很難維持較高的水準。

在這種機關裡，許多人都不懂得，一個好心腸的人處理他個人開支的方式（例如：因爲一個相當不中用的零售商家庭人口眾多而繼續作成其生意，或由於不願被指謫存心不良而不對帳目表示懷疑），如果在使用公家機關的大宗款項方面也依法炮製，將會造成不堪設想的後果。跡象甚至表明，好心而非惡意地隨便使用公款（這在美國曾造成極其悲慘的後果），極容易被那些其賜予和接受個人恩惠的習慣已變成蓄意欺騙的人非法利用。兩年前，西罕（West Ham）一個貧民救濟委員因被控貪汙而自殺。《星報》（*Star*）派記者去調查，這位記者寫了一篇專欄文章，其中說：「他的去世使本地區失去了一位勤奮的公益工作者。他把工餘時間都用來爲郡議會、貧民救濟委員會和自由黨的利益服務。」據稱「他的一個朋友」對《星報》記者說：「你們能輕而易舉地知道他的菩薩心腸。濟貧院的貧民們將永遠懷念他。」[35]當你吃力地讀完有關美國市政府貪汙腐敗的大量證據之後，「菩薩心腸」這個形容會使你不寒而慄。

英國合作社運動和工會運動的早期歷史充滿了這些可悲的失敗案例。兩種運動說明一種新的和更有說服力的理想可以緩慢地形成，但是這種理想不會不費力氣地自動實現。要使它永遠行之有效，就必須代代自覺地進行有組織的思考。

這些困難過去主要是由民主主義的反對者指出的。但是民主主義要成功，這些困難就得由民主主義者自己來坦率地研究，正如造橋的是工程師而不是根本反對造橋的渡船主。工程師的任務是計算材料所能承受的張力，他要提高計畫的安全係數，就必須把增強材料的化學手段以及縮小材料的張力結構變化當作同一個量的問題中的眾多成因。所以，那些希望提高民主主義的安全係數的人必須具備尋求眞理的精神，既要評估每個公民的政治力量在一定時期內能被道德和教育的變化增強到什麼程度，也要評估在民主結構中維持、擴大或發明那些能防止對公民過高要求的辦法的可能性。

[35]《星報》，一九〇六年十一月二十八日。

第三章　關於官員的思考

不過，很明顯的，在任何可以想像的代議制下當選的人，光靠自己是負擔不了所有政府工作的。

如果所有的選舉都在其規模足可使候選人獲得充分供應的單一選區內進行；如果選舉的次數可以使政治工作者在歷次競選活動中有適當的時間進行休息和思考；如果每一個選舉產生的機關有一個大得足可實行有效管理的地區、議員人數足夠進行委員會工作而不是多得妨礙討論、任務又重要得足以證明競選的精力和金錢沒有虛擲，那麼，聯合王國目前人口選出的最理想的代表人數應約爲二萬三千名，或每二千人口不到一名。[1]

這個百分比主要根據選民的心理狀態，這些狀態即使會改變，也改變得非常慢。目前，政府的工作量正在迅速增長，而且看來還要繼續增長。如果是這樣的話，每個工作單位可以得到的當選官員人數必然趨於減少。聯合王國目前當選的官員人數（包括例如：農村教區的教區委員以及倫敦市參議會）當然比我估計的多，儘管已爲一八八八、一八九四和一九〇二年的各項法令大幅減少。不過，由於地區和權力仍舊分配得不太經濟，它代表的實際工作動能要比我提出的計畫所提供的動能差。

另一方面，一九〇一年人口普查報告所公布的聯合王國中央政府和地方政府的僱員（陸、海軍除外）總數爲十六萬一千人。這個數目自一九〇一年以來無疑正以愈來愈快的速度增加，包括每周工時比一般選舉產生的人平均至少多四倍的人。

這二萬三千名選舉產生的人與二十萬非選舉產生的人之間應該有什麼關係？首先，選舉產生的人可不可以隨意任命非選舉產生的官員？安德魯・傑克遜（Andrew Jackson）時代的大多數美國政治人以及今天的許多美國政治人都認爲選舉產生的地方或州的參議員和眾議員有權提名地方的聯邦官員，把它作爲從民主原則推斷出的必然結果。他們承認這個方法可能有一定的危險，但又強調這種危險是整個民主方案的必然現象，而民主總的來說是利大於弊的。

我們英國人的政治邏輯從來沒有像美國人的那樣單一，我們對它的信念也從來沒有像美國人那樣堅定。因此，絕大多數英國人認爲讓官員的效率取決於個別議員的聲望是不可靠的，且不覺得這樣想就是不忠於民主思想。在一九〇六年的大選中，至少有兩個英格蘭選區（一個是自由黨選區，另一個是保守黨選區）選出的候選人是不合格的，這在多數人

[1] 這個數字我是這樣計算出來的：把聯合王國分成平均人口十萬的單一選區，這樣下議院共四百四十席，此數比現有的六百七十名來得方便。另外每個市區人口也是十萬人，大的城市可有數個選區，小的城市像目前一樣是獨立的市區（雖然只是一個選區的一部分）。每個市區的地方議會平均五十人。

心中已爲法庭上提出的證據所證實。這兩個選區在各方面都和一般選區沒有兩樣。事實是大家都清楚的，每個選區都有少數熱心公益的選民試圖同時投幾個黨的候選人的票，但兩位候選人卻都以絕對多數票當選。克洛敦市（Croydon）在社會和智力方面都高出一般水準，但是雅比斯·巴爾福[2]先生（Mr. Jabez Balfour）在因詐欺被判勞役監禁以前一直充當克洛敦市的代表。在這三個例子中，沒有人曾希望由議員來任命他選區內的郵政局長或國內稅收員。

但是，儘管反對由議員來任命官員的立場十分清楚，選舉產生的人在任命官員方面應起何種作用的問題卻困難得多。要討論這個問題，首先必須研究在任命之後，官員和議員的相應職責是什麼。我們打算使當選代表在憲法理論上和事實上都成爲政權的唯一基礎，還是希望非選舉產生的官員發揮一定的獨立影響？

英國人雖然在傳統上害怕官僚主義，但現在多數人卻願意採取後一種辦法，這個事實乃是我們的民主經驗的最驚人結果。我們看到，一次選舉的裁決所必須倚重的證據正在一年比一年更難以蒐集和提供，而且選民愈來愈難直接觀察這些證據。我們不願意完全依靠黨派觀念強盛的報紙或競選傳單來瞭解情況，因此我們已經開始重視（即使單純只爲了這個原因）一個負責的和多少獨立的行政機構的存在。過去靠鼓吹宣傳這類政治方法討論的問題，現在完全依靠官方統計資料，其間隔時間之短是難以想像的。現在我們知道，在喬治三世在位之初，英國的人口以空前的速度增長，但當時卻就人口究竟是增長還是減少這個問題進行了激烈的政治論戰。一八三〇年春天，下議院兩黨用三個晚上就國家狀況進行了亂哄哄的辯論。輝格黨人認爲災難是全國性的，托利黨人（事實證明他們是對的）則認爲是地方性的。在一七九八年或一八三〇年，能參加這種討論的「民眾」最多恐怕不過五萬人。一九〇三年以來，至少有一千萬人參加了目前的關稅改革爭論，而要不是有貿易部的統計表，兩黨至少表面上必須使論據與統計表的數字一致，那場爭論很可能會變質成爲吵架。

如果英國不存在官方統計數字，或是這些數字不夠權威或不配享有權威，那麼，就某個過於專門、非普通選民個人所能判斷的問題進行的懷有私心的、不老實的鼓動，在短短數年內所能造成的政治危害程度就很難估計。舉例來說，假定我們的行政機構效能低下，或被認爲是受政黨的勢力操縱，而一場有組織的和欺騙性的「通貨運動」突然發生。一個有勢力的報業壟斷組織發表一系列大肆渲染的文章，稱英格蘭銀行的特權以及黃金儲

【2】雅比斯·巴爾福（一八四三—一九一六），英國商人、自由黨政治家。——編按

備法正在「扼殺英國的工業」。兩百家報紙的內容提要一哄而起，天天大罵「壟斷者」、「金蛀蟲」（gold-bugs）、銀行報告的「謊言和欺騙」以及「薩莫塞特郡議會（Somerset House）僱用的僞證者」。控制壟斷的資本家集團可能會借助發行一種較「彈性」的通貨贏得鉅額錢財，並向自由貨幣同盟（Free Money League）捐助大筆款項，這個同盟包括少數幾位因受專業經濟學家輕視而耿耿於懷的眞誠的紙幣理論家。一位有魄力的著名議員——或許是個名聲不太好的貴族、或是個同工黨運動有瓜葛的人，迄今一直爲人懼怕，誰都不信任他——覺得機會來了。他自封爲運動的領袖，痛罵目前領導著保守黨、自由黨和工黨的「老頑固」和「自大狂」，依靠報紙壟斷以及「自由貨幣同盟」捐款的說明開始控制各個地方組織，並透過這些組織控制了目前處於在野地位的那個黨的中央機構。

這樣一場運動，如果只受到競選對手的反對，誰能保證它不會獲得成功？哪怕它提的種種建議完全是欺騙，它的領袖極其愚蠢或極其惡劣，只有透過使國內三分之二誠實的政治人物聲名掃地並代之以「騙子」、「貪贓枉法者」、「受賄者」以及美國政治學已爲其取名的其他不法分子才能掌權。普通選民——菜農、煤氣勞工或水彩畫家——又如何靠他自己的知識和推理力來鑑別「改革家」和「金融專家」向他提出的關於黃金儲備與紙幣發行正確比例的五花八門的主張？他的良心也不會是比他的判斷更可靠的指導。自由貨幣同盟可能成立一個「基督教服務隊」，選民的良心可能被一個圍著白圍巾的演說家激發，這個演說家陶醉於自己的口才，自以爲眞心誠意，把W. J. 布萊恩[3]先生（Mr. W. J. Bryan）十多年前從另一個人那裡借用的「人類被釘在金十字架上」這句名言也搬了過來。在樂觀的情緒下，人們可以依賴一張信任織成的網，有了這張網，每個人在自己不瞭解的問題上可以信任一個秉性老實和消息靈通的鄰人，這位鄰人經過幾重關係又信任另一位高修養的思想家。但是，在我們廣大的偏鄉市鎮人口中，能有這樣一張私人網嗎？

正是對這種危險的擔心，就和對特權階級的純粹自私的擔心一樣，使歐洲至今保仍留著過去非選舉產生的政府制度，例如：英國的上議院以及義大利或挪威的君主。人們覺得政治上需要有一個第二基地，這個基地的人不受選舉輿論據以形成的策略影響，在法律上有發言權。但是建立在世襲或財富基礎上的政權，事實上是無法防止輿論和感情偏私的操縱的。美國的參議院是富豪階級的代表，已經被那種靠製造輿論而生存的金融力量所吞噬；我們的上議院也正在迅速朝同一個方向發展。從人類有歷史開始，就發現任何一個老練的政治人物控制一位世襲君主的意見，要比控制一群人的意見來得容易。

[3] W. J. 布萊恩（一八六〇—一九二五），美國演說家、政治家、民主黨領袖。——編按

在英國，眞正的「第二院」（Second Chamber）、眞正的「憲法制約」（constitutional check），不是上議院，也不是君主，而是一個永久存在的文官行政機構，文官的任用不受任何政治人物的影響，如無過失可終身任職。如果這種機構像在俄國或很大程度上像在印度一樣，是一種最高權力，那麼，就像我在上一章所說，它本身就必須培養控制輿論的本領。但是處於目前地位的英國文官有權利和義務發表自己的意見，用不著不擇手段地使自己的意志占上風。

文官制度的建立是十九世紀英國的一大政治發明，像其他發明一樣，是在一個緊迫的現實問題壓力下完成的。自從一七八三年以來，東印度公司官員的任命方法一直是英國政治中一個重大問題。到那一年，已經看得很清楚，我們不能永遠讓一個由英國陸、海軍維持的大帝國的統治者的任命，取決於公司董事們的不負責任的偏愛。一七八三年，查理斯・詹姆斯・福克斯（Charles James Fox）[4]以他慣有的魯莽態度建議快刀斬亂麻，使印度官員的任命成爲議會任命權的一部分；他和諾斯勳爵（Lord North）[5]的印度法案受挫敗，這不僅是因爲喬治三世固執而肆無忌憚，而且還因爲人們感到他們的提案中包含著巨大政治危機。事實上，這個問題只能用一個新辦法來解決。使董事們宣誓誠實地任命官員的辦法證明是無用的，而董事們任命的人必須在海利伯立（Hayleyburg）受專門訓練的規定雖然比較有效，但是任命權的主要弊病還是沒有解決。

因此，早在一八三三年，麥考利爲更新和修正公司章程而提出的政府法令就含有一個條款，規定東印度的陸海軍官學校學員應公開遴選。當時董事的勢力還很大，足以阻止如此大的一個改革獲得實現，但是一八五三年章程再次修改，遴選制被明確採用，一八五五年進行了第一次公開考試。

與此同時，查理斯・崔維廉[6]爵士（Sir Charles Trevelyan）（一位著名的印度文官，娶麥考利之妹爲妻）被要求在斯塔福・諾斯科特[7]爵士（Sir Stafford Northcote）的幫助下對國內文官的任命方式進行調查。他的報告於一八五四年春發表，是對於上兩個世代內形成英國憲法厥功甚大的最出色的國家文獻之一。它揭露了財政部公務員銓衡長官將官職分配給議會中那些其表決將被收買或酬謝的議員的做法對現有機構人事的惡劣影響，並建議所

【4】查理斯・詹姆斯・福克斯（一七四九—一八〇六），英國輝格黨政治家、雄辯家。——編按

【5】諾斯勳爵（一七三二—一七九二），英國首相、帶領英軍參與北美十三殖民地獨立戰爭。——編按

【6】查理斯・崔維廉（一八〇七—一八八六），英國文官、英屬印度官員。——編按

【7】斯塔福・諾斯科特（一八一八—一八八七），英國保守派政治家、財政官員、皇家學會會員、愛丁堡大學校長。——編按

有需具備智力的職位應一律向那些品行優良、構成當時紳士教育的各項科目競爭考試及格的青年人開放。

但是，建議議員放棄自己的任命權，與要求他們取消東印度公司的任命權，是完全不同的兩件事。因此，查理斯・崔維廉爵士在發表他的建議之前，把它送交政府內外許多知名人士閱讀，並把他們直率的回應印在附錄裡。

提意見的人多認爲這個建議是絕對行不通的。這彷彿是政治世界中闖進了一個從另一個宇宙來的因果方案，好比向證券交易所提議當天的股價應由祈禱和拈鬮來確定。例如：教育部常務大臣林根（Lingen）在《關於文官系統的報告和文件》（*Reports and Papers on the Civil Service*）中寫道：「鑑於官職任命權事實上是權力的一部分，而絕對不是一個虛無縹緲的東西；鑑於我國人民有悠久而極其寶貴的政治角力的習慣，其中分享官職被認爲是競爭的正當獎賞；鑑於在社交上、日常生活中以及在唐寧街（Downing Street），身分和財富（這是事實，無論我們喜歡與否）左右許多事情，我們思想與行爲的方式莫不按照這個認識進行；鑑於這一切，我要慎重行事，絕不會貿然勸告在文官系統中進行您本人和斯塔福・諾斯科特爵士所建議的這樣一場革命。」殖民部的詹姆斯・史蒂芬爵士[8]（Sir James Stephen）說得更直截了當：「我認爲，我們生活在其中的世界還沒有完全道德化，接受不了這樣一個嚴峻的道德方案。」幾年後，當討論對印度軍隊中的官職進行遴選時，維多利亞女皇（或亞伯特親王（Prince Albert）借女皇之口）表示反對，認爲它「把君主貶低爲僅僅是一臺簽署機器」[9]。

然而，一八七〇年，崔維廉的報告發表十六年之後，格萊斯頓頒布命令，在全英國的文官系統實行公開遴選，這個命令幾乎沒有遭到批評和反對；英國議會政體的一個最重要的職能確實貶低爲「僅僅是一臺簽署機器」了。

此舉之所以成爲可能，是因爲政治氛圍發生了變化，其原因是英國歷史上最饒富趣味的問題之一。一個原因是很明顯的。一八六七年，達比勳爵（Lord Derby）的改革法突然把下議院的最終控制權從市的「十鎊戶主」轉到勞工手裡。傳統「統治階級」可能發覺他們的官職任命權已經保持不了多久，讓這種權力留在一個獨立的文官委員會（像一個瞎眼的正義女神那樣解釋大自然的裁決）手裡，要比留在沙恩霍斯特先生（Mr. Schnadhorst）

[8] 詹姆斯・史蒂芬爵士（一七八九—一八五九），英國殖民地文官，主事廢除奴隸制；劍橋大學歷史學講師。——編按

[9] 《維多利亞女王傳》（*Life of Queen Victoria*），第三卷，第三七七頁（一八五八年七月二十九日）。

已經著手組織的那些可怕的「地方議員會議決策委員會」手裡安全得多。

但是，人們可以看出比選舉權易手更深刻的變化原因。從克里米亞戰爭到一八七〇年的十五年，在英國是一個思想極爲活躍的時期。在這個時期裡，少數幾位像達爾文或紐曼那樣頭腦敏銳的思想家所作的結論已經被許多雜誌作家、倡議者和詩人討論過，並廣爲傳播。一個概念逐漸占上風：無論是在政界還是在別處，實現我們的目標的力量最終必須依靠嚴肅而持久的思考，而不是依靠輿論。

一八五〇年，卡萊爾曾自問：「民主一旦演變爲備有投票箱之類東西的選舉權，它能否自然而然地完成從虛到實的有益的全面轉變？」並自答：「你的船是不能靠它絕妙的選舉計畫繞過合恩角（Cape Horn）的。船員們可以在甲板上下以最和諧、精緻的立憲方式投票表決這件事或那件事，但船要繞過合恩角卻會發現一系列已被古老的自然力投票贊成並嚴格規定的條件，自然力對你如何投票表決完全不放在心上。如果你能靠投票或不投票弄清楚那些條件，並勇敢地順應，你就能繞過合恩角；如果你不能，狂風就會把你吹回原地。」

到一八七〇年，卡萊爾的教誨已從奇談怪論變成陳腔濫調。在這個轉變中，最重要的一個影響乃是自然科學的發展。例如：一八七〇年，赫胥黎的《佈道》（*Lay Sermons*）編成出版。一八五〇年不能理解卡萊爾的虛實區別的人們，不會不理解赫胥黎關於生死的論述——赫胥黎將生死比作和一個從來不出錯的無形對手下的一局棋。赫胥黎的非個人科學在繞合恩角航行中似乎比卡萊爾的個人和概念的英雄更有用處。

但是，文官遴選制既經發明和採用，就脫離它在其中產生的嚴峻而困難的思想領域，而在我們的慣性政治心理中生根。我們現在半自覺地把文官制想像爲一個不變的事實，對其優缺點全盤接受或否定。公開遴選也同樣成了一個「原則」，被理解爲應用於已經應用的官職，而不能應用於其他官職。因此，如果我們要對這個問題進行卓有成效的思考，當前最要緊的就是破除我們腦中的這種想法，回到變化無窮的世界去。我們必須把遴選本身看作千變萬化，會不知不覺地逐漸演變成其他任命方法，並且必須把提供遴選的職位看作與其他職位不同，與適宜進行某種形式的遴選但尚未試行遴選的職位重疊，在其曲線的邊際點上與那些不適宜遴選的職位相交。

在開始這個過程時，一個事實變得很清楚。官員的任命制度既能應用於中央政府，就沒有理由不能應用於地方政府。我們之所以從未認眞考慮過這個問題，應該說是英國人頭腦遲鈍的一個驚人例證。在美國，文官這個詞是同樣應用於中央和地方兩類官職的，「文官原則」既包括聯邦的任命，也包括州和市的任命。兩類官職之所以在我們腦中分開，主要可能是在歷史上我們用不同的名字稱呼它們。地方當局在任命官職方面可以爲所欲爲（唯一的例外是教師和醫師需要某些資格）。也許有五、六個大城市和地方已實行有限的公開遴選，但在其他地方，爲數恐怕已與中央文官一樣多的地方文官[10]是在這樣一些條件下任命的。如果政府成立一個調查委員會，可能會發現在一八五五年之前中央政府官職任命權中存在著的不少弊病舊態復發。

當然，不可能單獨任命一個文官委員會對每個地方單獨舉行考試。任命官員的人只向中央政府負責，而與任命以後控制官員、給官員發薪和調升的地方當局沒有聯繫，這樣將會產生不少困難。但是同樣的困難卻被美國文官改革者避免了，只要認眞思考幾天就能使該項制度適合於英國的地域條件。

爲英國中央政府建立文官遴選制的一個目的是防止貪汙。如果官員不再由議員任命，議員和官員勾結起來欺騙人民就困難得多。現在，一位英國議員如果想利用他的地位斂財，就得賄賂一大批完全不靠他照顧的官員，這些官員可能非常不喜歡他的爲人，如果他們串通舞弊的勾當被揭穿，即使他不當議員已經好些年了，他們還是可能出醜或被送進監獄。

在地方政府的處境下，顯然更需要採取措施防止貪汙。在聯合王國，地方政府的支出已經比中央政府大得多，而且正以更快的速度增加，由於多數經費都用在地方上，每筆支出的數額都較小，因此舞弊就比較容易。我認為，英國市政當局總的來說是廉潔的，但舞弊確實發生，而且被官員和議員間可能存在著的密切關係加劇。一個手頭拮据或厚臉皮的市議員或貧民救濟委員，隨時都可能教唆（或被教唆）一個曾在競選中幫過他的窮親戚，並為該人（也許是應該給他的同事類似照顧的默契所致）在市裡弄到一個職位。

再有，英國的鐵路公司正逐年受國家控制，但是從未有一位政治人物曾試圖像一個世紀前東印度公司那樣在任命和升等方面定出一個公正合理的標準。有少數鐵路公司為總務人員定出遴選制度，比市政府實行的那些制度更不適當，但據說在大多數鐵路公司裡，任命和升等都受董事或大股東的影響。我們管理鐵路的連接和信號等細微末節，卻沒有認識到民眾安全甚至更直接地依靠鐵路公司的任命制度。

這個原則應擴充到什麼程度，舉例說，在什麼程度上可以阻止一家大私人公司的老闆，透過把他的企業交給一位無能至極的親戚管理而使半數地方居民受害，這個問題取決

【10】一九〇一年的統計數字為：國家文職人員九萬人，地方文職人員七萬一千人。但自那時以來，地方文官人數增加得比國家文官快得多。

於今後五十年內集體主義思想家所能發明的政治方法的力量。

同時，我們必須不再把現行對意想不到的試題倉促作答的遴選制度看作一樣一成不變的東西。那項制度有某些非常實際的好處。候選人和他們的親友都覺得它「公平」。它揭示候選人在某些重要智力素質方面的力量，這些素質無法用推薦信表明——除非經過考試——往往連候選人本人也不知道。但獨立選拔的範圍如果要擴大，就必須採取更多方法。在這方面，自從查理斯·崔維廉爵士的報告於一八五五年發表以來，英國始終裹足不前。考試的科目略有更改，但過去半個世紀內英國教育狀況的巨變基本上被忽視了。受過接近完整「紳士教育」的英國青年依然只是極少數，大多數人根本沒有受過任何智力訓練。各種中等教育的普及、高等教育的日益專門化、世界各大學積累的關於測驗「研究生」學位論文的眞實性和智力品質的可能性的經驗都很少或一無成效。

一八七五年的公平競爭委員會發現，郵政局僱用少數婦女做低階工作。自該時以來，女打字員和少數待遇較好的婦女曾因這位或那位議會領袖或常任長官一時興起而被納進其他政府機關，但沒有系統地利用每年畢業於新舊大學、修養高、耐心好的婦女的才智，來豐富國家的思考力。

對於民眾來說，一八七〇年實行公開遴選似乎不僅排除了進一步考慮官員任命方法的必要性，而且也排除了考慮官員據以工作的制度的必要性。他們知道，尸位素餐之流將銷聲匿跡。任命將按照「成績」，而考試成績的宣布猶如維多利亞女王中期小說裡的婚禮，將會是故事的結束。但在政府機關裡，就像在法院或實驗室裡，除非在被任命官員整體工作期內由組織上提供適當的機會和動機，就不可能進行有效的思維。然而，一八七〇年以來，政府部門的組織讓各部按照機關傳統自由發展，或被一場只針對一個部（例如：陸軍部）的運動所改變。例如：每個機關內少數一等官員和多數二等官員間的官方關係不是根據任何原則變化，而是按照某個曾經掌權但如今已被遺忘的首長的見解和偏見而變化。每個科的科長及其下屬間的關係亦然。在至少一個機關裡，重要的文件先送主管，主管當即作出批示，然後逐級下達。在其他機關裡，制度規定全部文件必須先送交給一個下級，下級再送呈上級，不僅附上必要的文件，還附上他的處理意見，這樣年輕人能獲得無限寶貴的經驗，長者也不至於墨守成規。這兩種組織方法必然有一種優於另一種，但從未有人拿它們作過系統比較。

在殖民部，圖書館長的任務是使每一個必須就一個問題作報告的官員都能獲得有關該問題的已出版書籍與官方文件。在貿易部（對該部處理的問題，出版的書籍比官方資料甚至更重要）才剛找到房子供收藏多年前蒐集到的圖書之用[11]。外交部和印度部都有圖書館，財政部、地方政府委員會卻一個也沒有。

在財政和審計部，已實行一項訓練低階官員的辦法，就是每隔一定時間把他們調到不同的單位。據說效果卓愈，但據我所知沒有其他部採取類似做法或研議。

幾乎所有的部的官員都參與組織比他們自己的工作更直接行政性的部以外的工作，一項培訓官員的明智制度應當「暫時調派」青年官員去擔任他們將要負責組織的那項工作以取得經驗。農業部的幹事在任職期間應至少一次被調派去幫助監督宰殺染上瘟病的豬並訪問農民，而貿易部鐵路處的官員則應親身對鐵路辦事處的內情有所瞭解。這個「暫時調派擔任特殊職務」的原則可以擴大爲若干固定的學習期（如軍隊已經做到的那樣），在此期間，官員可全職（工資照發）獲得對他的部門有用的知識，嗣後不是透過回答試題，而是透過提供一本有永久價值的著作或一個報告來顯示他的工作成果。

布林戰爭（Boer War）以後，由於迫切需要在英國軍隊的管理方面提供有效的思維，軍事會議乃應運而生。如今大臣不只是瞭解透過他的高等軍官頭腦的「瓶頸」傳達給他的那些想法，每星期還和五、六個部門的主管開會聽取意見，學會選拔人擔任高等職務，並省去不少冗長的案牘時間。與此同時，由於人腦生理學一個眾所周知的事實，對卷案進行思考感到疲勞的人，與同事交談會獲得一種新的刺激，正如說累了的政治人如果頭腦仍清醒的話，會從靜靜地使用一支筆獲得一種新的刺激一樣。

如果這種定期交替的書面討論和口頭討論在陸軍部有用，那麼在其他部門也可能有用；但沒有一個有足夠權力要求得到這一個答案的人曾對此加以過問。

現代政府最重要的職能之一是有效地發布資訊，然而我們雖有文書局卻沒有宣傳部；一個部有公報，另一個部沒有；公報如何刊印，何時刊印，都顯屬偶然。對於各種官方出版品的統計方法，也無人負責調查和批評，並在必要時予以協調。

就所有這些和其他許多問題而言，一個小型的委員會（有點和一九〇四年負責陸軍部改組工作的艾雪委員會（Esher Committee）相似），由一個能幹的保險公司經理、一個公正的文官、一個富有國外貿易和部門組織經驗的企業家組成，可能無需增加經費而使現有政府機關的效率提高一倍。

但是，要任命這樣一個委員會的話，議會的普通議員，特別是那些贊成大力擴充集體行爲的議員，必須比目前更認眞地思考集體思想的組織。比方，應該如何來防止一批官員

【11】貿易部的圖書，長期存放在外交部。

養成「官方」的思想習慣以及一種對立於多數人民利益的公司利益觀念的危險或使這種危險減少到最低限度?如果要引導每一代中相當數量最能幹、最有條件的青年到政府裡工作,就必須提供薪資,使他們立即躋身於富裕階級。如何防止他們在所有行政問題上有意無意地袒護經濟上與他們處於同樣地位的人?如果他們這樣做,那麼,危險不僅在於社會改革將延宕,而且英國的勞工還會對受過高等教育的常任官員表示憎恨和不信任,這種情況是美國任何一個勞工集會中都能看到的。

如今,人人都有受高深教育的機會,我們經常聽說各種社會出身和階級同情的人都有可能進入日益擴大的高等文官圈。要是情況果眞如此,那當然是件好事,但每個注意現行考試制度發展的人都知道,必須小心防止給希臘文和拉丁文等科目打高分(哪怕僅出於官方傳統),因爲這類科目的教育價值不比其他科目高,但只有一個社會階級的人能獲得優異成績。

當然,爲了自下而上提升的信條而犧牲智力效率將帶來毀滅性的後果,一八七〇年政治人物們認爲從二等文官晉升一等文官在他們那時是鳳毛麟角,以致可以把它置諸腦後,他們的這種想法也許是對的。但從那時以來,情況已經變了。二等文官的競爭已變得無比激烈,在任何一種合理的考試下,一些透過讀書和進夜大繼續深造的二等文官,在三十歲時都顯示出比許多高等考試及格進入文官系統的人更適合擔任最高等的工作。

但是，無論我們的官員多麼能幹、出身多麼不同，官僚生活常產生的狹隘和僵化危機依然存在，必須用種種鼓勵解放思想的方法加以防止。德皇立了一個大功，前不久他在一個關於特威德穆斯（Tweedmouth）信件的半官方通報中宣稱，官方身分爲國王和大臣的人作爲「專家」在思想界享有其他更廣泛的權利。人們只希望他能允許自己的官員們在日常工作之餘，作爲個人主義者或社會主義者、非洲土著居民保護者、神學家、自由舞臺或自由儀式鼓吹者，以健康的倫敦方式同勞工領袖、陸軍上校、教師、政府女性官員和國會議員重新聚首在一起。

政府官員的智力生活確實正在成爲一個問題，一年比一年更密切地對我們發生影響。在文學界、科學界以及工商界中，獨立的生產者正在消亡，官員正在接替他們的位置。現在我們幾乎人人都是官員，無論我們是報上寫文章的、大學裡教書的，還是銀行裡記帳的，在工作時間裡，都爲了一個更大的組織利益而使個人自由受到限制。我們很少受直接而明顯的經濟動機的影響，這種動機促使一個小店主或農場主或農村推銷員拚命加緊謀劃如何壓倒他的對手或從他的雇員身上榨取更多利潤。如果我們在生活中只希望盡可能少工作，多享受，那麼，採取那種既不促進也不妨礙提升的不慌不忙的「手法」是合算的。

因此，興趣和多樣性、公益精神和手藝人對自己技能的喜悅，這些間接促進因素作爲高等思維活動形式的動機對我們正日益變得重要，而減少工資的威脅或增加工資的許諾卻不那麼重要。由於我們需要那些高等思維活動不僅是爲了社會的利益，而且還是爲了我們自己心靈的好處，因此我們每一個人都必須學會如何防止發揮有效思想的機會只限於極少數像希臘神話中的獨眼巨人一樣生活在不負責任的自由天地中的富人。如果我們清醒地認識到：今後有組織的工作將成爲規律，而無組織的工作是例外，如果我們有意識地使我們的工作方法以及我們的個人理想適應那種狀況，那麼，我們就不至於再認爲民眾事務的管理工作只能讓一群未受過教育的、反復無常的政客以及自私和迂腐的官僚來分擔。

第四章　國家和人類

在前三章裡，我論述了某些現有的唯理智傾向對我們的政治行為理想、代議制度及用來在職業文官當中保證智力主動性與效率的方法——亦即對國家內部組織可能發生的影響。

在本章裡，我要來論述一些傾向對國際關係和不同種族之間關係的影響。但是，離開單獨一個國家而處理幾個國家的相互關係，馬上就會碰到一個根本性的問題：國家是什麼？大英帝國或歐洲協調體系是一個國家還是許多國家？兩個地區中的每一個社會如今都對另一個社會發生政治影響，電報和輪船已把原來對那種影響進一步擴展的限制消除殆盡。是在感情上或體制上進行聯合，還是有任何經久的原因限制有效政治團結的地理範圍或種族範圍，從而限制國家的領域和組成？

亞里斯多德在古代世界的條件下寫作時，斷言只有十個人的社會不是國家，人口達十萬的社會同樣不是國家。他的論點是以人的感官和人的記憶力可測量的事實為根據的。一個國家的疆域必須站在高處可「一覽無遺」，全體正式公民參加的會議必須能聽見一個聲音——一個眞正的人的聲音，而不是傳說中聲若洪鐘的傳令使者的聲音。執政官們必須能記住所有同胞的臉和個性。亞里斯多德並沒有忽視這一事實：他所知道的地球的表面幾乎全都被比他的規則所允許的大得多的國家占據了。但是他否認大的野蠻君主國是眞正意義上的「國家」。

我們自己往往容易忘記亞里斯多德所依據的事實是既眞實又重要的。希臘和中世紀的城邦歷史表明，當每個公民的整體環境處於他的感官和記憶的第一手範圍之內時，對於人類的某些最高等的活動和感情是何等有效的敦促。今天，只有在文明主流之外的村莊裡，人們才認得鄰人的臉，每天看見他們在其中工作和休息的田野和農舍。然而，即使今天，當一個村莊被四下延伸的市郊吞併，或被大量湧入的新工業人口淹沒時，一些老住民發現他們正在與生活中一些深奧的東西失去聯繫。

一年前，我和一個愛步行、愛思索的約克郡（Yorkshire）資深老師站在亞耳達河（Airedale）的高沼澤邊。我們對面是夏洛蒂・勃朗特（Charlotte Brontë）[1]當年在那裡做過家庭女教師的宅邸，下面是鐵路，串連一些從事工業的農村。這些農村已開始相互向對方延伸，很快就將透過河谷，化爲連綿不斷的高煙囪和石板屋頂。資深老師告訴我，就他記憶所及，往昔對鄉土的眷戀是怎樣從這個地區消失的。我問他，是否可能有一種新的情感，如今人們既然生活在廣大的知識和推理的天地裡，而不是生活在狹小的視聽的天地

[1] 夏洛蒂・勃朗特（一八一六—一八五五），英國小說家、詩人，《簡愛》的作者。——編按

裡，是否會出現一種書籍和地圖激發的愛國心，成爲比鄉村街道激發的愛國心更好的生活指導？

對此他斷然否定。他說，舊的情感消失了，沒有任何東西能取代它，將來也不會有，有的只是一種赤裸裸的、蠢蠢欲動的個人主義，永遠追求個人的滿足又永遠得不到滿足。接著，幾乎是用莫里斯和羅斯金（Ruskin）[2]的語言，他開始要求說，我們如果能永遠忘掉蒸汽和電力而重新獲得生活的眞正財富，回到中世紀村莊的農業和中世紀城鎭的手工業，那麼，我們付出的代價將是微乎其微的。

他知道，我也知道，他的要求是絕對實現不了的。即便在傳統的條件下，希臘、義大利和佛蘭德城邦（Flemish City-States）也滅亡了，因爲它們太小，無法抵抗一些較大、儘管組織較差的社會而保住自己；而工業進步是一個甚至比馬其頓或西班牙軍隊更銳不可擋的入侵者。對於人數不斷增加的一部分現代英國居民來說，現在已經沒有他們在傳統意義上的「立身」之地。幾乎所有管理英國工業的人，還有人數迅速增加的體力勞動者，每天乘電車或火車在居住地和工作地間往返，沿途所見的景物要比他們的眼睛所能容納或頭腦所能記住的多一百倍。用威爾斯先生的話說，他們「失去了地方性」。

但是，既然我們不再能把我們的感官極限當作估計文明國家可能有的範疇的基礎，似乎壓根就沒有什麼東西可用來作這種估計了。我們怎樣確定用蒸汽或電力進行有效溝通的限度，或代表制和聯邦制這類政治手段能擴及的範圍？亞里斯多德在說明國家的大小與其公民的權力關係時，曾用一艘船作比喻，他說這艘船不可以太大，大得非常人的體力所能操縱。「一艘兩浪（furlong）[3]長的船根本不是船。」但盧西塔尼亞號（Lusitania）[4]船的長度已接近一浪半，而一個世代後的造船技師可能達到的船的長度上限是多少，甚至無人能猜測。如果我們認爲一個國家可大於一個人的視界，那麼，使全球受一個像美國或大英帝國那樣有效的政府管轄的技術困難已經克服。如果這樣一個政府是不可能的，其不可能必然不是由於我們的感官和體力的限制，而是由於我們想像力和同情心的限制。

我在前文已經指出，現代國家必須爲其人民的思想和感情而存在，不是作爲一個直接觀察的證據，而是作爲一個心靈的實體、一個象徵、一個化身或一個抽象概念。因此，國家的可能大小主要取決於限制我們創造並使用這些實體的事實。五十年前，在民族基礎上

[2] 羅斯金（一八一九—一九〇〇），英國作家、美術評論家、社會改革家。——譯註
[3] 浪，英國長度單位，等於八分之一英里。——譯註
[4] 盧西塔尼亞號，二十世紀初世界上最大的英國輪船，總噸位達三萬二千噸，第一次世界大戰時遭德軍擊沉，引發美國參戰。——譯註、編按

重建歐洲的政治家們認爲已經在限制各民族的物質和精神認同的原因中找到了確切的事實。他們認爲，一個國家要治理得好，必須是一個同種的「民族」，因爲沒有一個公民能想像他的國家或使他的國家成爲他政治愛戴的對象，除非他相信存在著一個一國的人民與之同化的民族類型；而他不能繼續相信這種類型的存在，除非他的同胞在某些重要方面彼此相像並與他相像。俾斯麥對使其他德國人與普魯士人同化的可能性從量的方面進行了研究，蓄意限制了他預期的德意志帝國的範圍。他始終反對兼併奧地利，也長期反對兼併巴伐利亞，理由是普魯士人雖然強大得足以同化撒克遜人和漢諾威人，同化奧地利人和巴伐利亞人卻鮮少成功。例如：他在一八六六年曾說：「我們不能利用這些阿爾卑斯山以南的人，我們絕不可貪得無厭。」

馬志尼（Mazzini）[5]和俾斯麥一樣，認爲國家只能包含一個同種的民族，否則就不易治理。但是俾斯麥強行使弱小民族歸化強大民族的政策，在他看來是最惡劣的暴政；他把他自己的歐洲重建計畫，以當前民族統一與地理特徵相吻合所啟示的上帝意志爲基礎。他說：「上帝將人類在地球表面分爲許多不同的集團或核心……邪惡的政府毀壞了上帝的意圖。儘管如此，你仍然可以追蹤這種意圖，至少就歐洲而言，它是按照大河的走向、高山的方位以及其他地理條件明確地劃定的。」

因此，馬志尼和俾斯麥兩人都不遺餘力地反對法國大革命的博愛主義，反對那種如坎寧所說「把國家縮小爲一個個人，然後再讓一個個人聚合成一群群暴徒」的哲學。馬志尼攻擊鼓吹所有人應不分國籍彼此相愛的「世界主義者」，理由是他們在要求做一件心理上不可能做到的事。他申辯道，如果人類意味著無數生靈，那麼，任何人都不能想像人類，也不能愛人類。早在一八三六年，馬志尼就由於這個原因譴責原來的燒炭黨（Carbonari），當時馬志尼說：「世界主義者，隻身處在一個巨大的包圍圈裡，這個包圍圈的邊界擴展到他的視力所不及的地方；他唯一的武器是意識到自己的權利（往往是誤解了的）和個人的能力——這種能力無論多麼強，也不能擴大應用於整個構成目的的範圍……他面前只有兩條路。他不得不從專制和惰性間作選擇。」他引用了布列塔尼（Breton）漁夫的話。漁夫在揚帆出海時向上帝祈求道：「上帝啊，幫助我吧！我的船太小了，而你的海洋太大了。」

因此，在馬志尼看來，上帝指示的國家介於個人與多得不可想像的群體之間。一個人

[5] 馬志尼（一八〇五—一八七二），義大利資產階級革命家、義大利復興運動中的民主派領袖和思想家。——譯註

所以能瞭解和愛他的國家，是因爲國家包含著和他自己一樣的人，「講同一種語言，具有同樣的傾向，受同樣的歷史傳統教育，能夠被當作一個單一的國家實體來思考。」國家是「人類與個人的中間術語」，人只有把人類想像爲許多同種的民族國家組合而成的整體，才能獲得人類的概念。「國家是人類的公民，正如個人是國家的公民一樣」，還有：「人類的公約不能由個人簽署，只能由具有一個名字、一面旗幟以及一個獨特存在意識的自由平等的民族來簽署。」

國家主義，如俾斯麥或馬志尼所解釋的，在十九世紀歐洲政治覺醒的發展中起過巨大的、無限寶貴的作用。但是，要把國家主義作爲解決二十世紀的問題的方法，卻愈來愈不可能了。我們無法附和馬志尼，說什麼「當代無可爭辯的傾向」是把歐洲改造爲若干「人口和疆域盡可能相等的」、同種的民族國家。確實，馬志尼非自覺地然而大大地誇大了甚至他那個時候的問題的單純性。那時東南歐大部分國家甚至未被「大河的走向和高山的方位」分爲許多同種的單元，而是從村莊到村莊混合起來；以後發生的各種事件使我們不得不承認那個事實。例如：我們不再能像斯溫伯恩[6]先生（Mr. Swinburne）以及馬志尼和科蘇特（Kossuth）[7]的其他英國信徒們在十九世紀六〇年代所相信的那樣相信居住在匈牙利的只是些純種的、愛國的馬札爾人（Magyars）。我們可以看出，馬志尼在一八五二年說

「希臘能夠……透過擴張到君士坦丁堡成爲俄國侵犯歐洲的一大障礙」這番話時，已經把他的原則曲解到無以復加的程度。在今天的馬其頓地區，成群結隊的保加利亞和希臘愛國者（都受馬志尼主義傳統的薰陶）正在力圖消滅敵對的居民，以便確定他們自己代表巴爾幹山脈的位置所顯示的上帝意志的權利。馬志尼本人如果在世的話，或許會承認，如果俾斯麥的人爲同化政策必須否定，那麼，歐洲就必須繼續有幾個含有屬於不同民族的人民的國家。

俾斯麥的「鐵血政策」（blood and iron）創造的人爲一致概念，比馬志尼的概念更密切地符合十九世紀的形勢。但其可行性取決於居統治地位的民族成員總是強烈地希望把他們自己的模式強加於其他民族這一假設。既然社會民主黨人（他們並非普魯士人口中無足輕重的一部分）顯然由於他們的波蘭或巴伐利亞或丹麥同胞堅持自己的民族特徵而對他們更加欽佩，前不久畢羅親王關於德國的力量取決於一個徹底民族主義的普魯士的存在和統

【6】斯溫伯恩（一八三七—一九〇九），英國詩人、劇作家、小說家、評論家、大英百科全書編撰者，本身極具社會關懷。——編按

【7】科蘇特（一八〇二—一八九四），匈牙利民族解放運動領袖。——譯註

治的俾斯麥式名言似乎只是政治上的遺風了。同樣的感情變化也出現在聯合王國，英國兩黨都已私下或公開地放棄曾一度被各黨當作英國政策一個不可缺少的組成部分的使愛爾蘭和威爾斯英國化。

國家的幅員必須以同種民族（無論是天然還是人爲）爲基礎的原則應用起來的一個更大的困難是，在過去二十五年裡，所有的歐洲大國都迅速擴張非歐洲領土。無論是直至一八七二年去世的馬志尼，還是直至一八八四年進行殖民冒險的俾斯麥，都沒有考慮過將歐洲以外的領土和人民呑併進來。因此，他們兩人都沒有對現代「瓜分世界」引起的那些問題好好動過腦筋。馬志尼的確曾隱約地期望民族國家從歐洲擴展到亞洲和非洲，遍布地球表面的同種的和獨立的「民族」最終將「締結人類公約」。但他從未說明產生那種結果的政治力量是什麼。義大利於一八九六年入侵阿比西尼亞（Abyssinia）[8]可能代表馬志尼將民族國家概念擴大到非洲的策略的一個必要階段，也可能是和那種概念針鋒相對的。

俾斯麥目光較短淺，更講究實際。他從未像馬志尼那樣指望簽署一個甚至把歐洲各國也包羅在內的「人類公約」，而的確總是反對設想一個國家與其疆域以外的其他國家或人民間有任何關係，無論是道德還是政治關係。他說：「對於一個大國來說，唯一正確的行爲原則是政治上的自我主義。」因此，當俾斯麥死後，德國的海、陸軍與中國或東非手無寸鐵的人民接觸時，就像社會民主黨人當即指出的，他們對形勢的認識並不比五世紀時阿提拉（Attila）[9]和他的匈奴人據以行動的認識來得高明。

現代的英帝國主義者在一段時期內曾試圖把同種民族觀應用於大英帝國。從一八八三年西利（Seeley）的《英國的擴張》（*Expansion of England*）出版到一九〇二年《弗里尼欣和約》（*The Peace of Vereeniging*）簽訂爲止，他們力求相信「血統」（Blood）、「島國種族」（Island Race）的存在，它由同種的、講英語的人組成，其中不僅包括聯合王國的全體居民，還包括殖民地和屬地的全體白人；而帝國的其他居民則被當作「白人的負擔」（The white man's burden）——行使白人美德的必要材料。當他們中的理想主義者被迫認識到這樣一種白人認同尚不存在時，就確信只要閱讀帝國詩歌，召開帝國會議，這樣的結果就必然會和平到來。他們中的俾斯麥式現實主義者則認爲用「鐵血政策」就能在南非和其他地方產生這種結果。米爾納[10]勳爵（Lord Milner）恐怕是德國以外俾斯麥傳統最

【8】阿比西尼亞，衣索比亞的舊稱。——編按

【9】阿提拉（約四〇六－四五三），匈奴王。四四三年曾率強悍的匈奴人進兵拜占庭，迫拜占庭皇帝割地、納貢求和，繼而闖入羅馬帝國西部，並攻占北義大利，後人稱之為「上帝的鞭子」。——譯註

【10】米爾納（一八五四－一九二五），英國政治家、殖民地官員。——編按

忠實的信徒，在弗里尼欣和會上甚至反對與布林人議和，除非是勢必使南非殖民地最終英國化的無條件投降。他現在還在幻想一個其利己主義和俾斯麥的普魯士一樣澈底的大英帝國，在一九〇七年以一八八七年的方式告誡我們要反對「青年的思想」，那些思想「既過於島國性又過於世界性」。

但是，在當前絕大多數帝國主義者心中，帝國自我主義（Imperial Egoism）已失去了它唯一可能的心理基礎。它將不是以民族認同爲基礎，而是以意識到民族差異爲基礎。在加拿大的法國人要完全保持法國式，在南非的荷蘭人完全保持荷蘭式，儘管兩者將被一道不可逾越的道德鴻溝與大英帝國以外的世界區隔開來。這樣表達的事實對帝國主義是沒有幫助的。威爾弗里德・勞里埃[三]爵士（Sir Wilfred Laurier）或博塔將軍（General Botha）入英帝國籍是一件更微妙的事，把米爾納勳爵的話改一下，它比帝國自我主義更少島國性而更多世界性。例如：它並不意味著對法國或荷蘭是否將被大海淹沒這個問題漠不關心。

與此同時，帝國內部的非白人種族不願像十八世紀英國的「貧民」一樣僅作爲他人美德的材料而生存。他們也有自己模糊的民族觀；如果那些觀念最終沒有使我們的帝國解體，是因爲它們不是被帝國自我主義感情擴大和制止，而是被那些對帝國或民族邊界不予理會的更廣泛的宗教道德觀擴大和制止。

不過，我們的「眞正政治家」可能會反駁說，普世之愛在當前既是空想又是危險的，不是因爲它如馬志尼所說，在心理上不可能，而是由於我們所處的軍事地位。他們說，在下一個世代中，我們的帝國爲了求生存，必須與德意志帝國或俄羅斯帝國打仗，或同時與兩個帝國打仗，我們唯一取勝的機會是創造那種具有戰鬥價值的帝國情感。如果帝國的白人居民被鼓勵將自己視爲「優秀種族」，亦即既是相同的民族，又是天生的貴族，他們馬上就會透過實戰灌輸進一種俾斯麥式的帝國「自我主義」特徵。在帝國的非白人居民中（因爲在下次帝國主義間的戰爭中，各方在第一次慘敗後都會打破只使用歐洲軍隊打歐洲人的慣例），我們必須發現和訓練那些像廓爾喀人（Gurkhas）和蘇丹人（Soudanese）一樣可望爲我們打仗並仇恨我們的敵人，卻不要求獲得政治權利的種族。無論如何，我們必須像俾斯麥一樣破除那種既關心我們同胞的利益又關心我們未來敵人的利益的博愛主義，把它當作帝國最致命的削弱劑。

【三】威爾弗里德・勞里埃（一八四一—一九一九），加拿大政治家、總理，對加拿大獨立自治具重要貢獻。——編按當然，這種論調可能用一種反證法來駁斥。如果帝國自我主義政策成功，所有的帝國都會一致奉行。無論我們願意與否，每次帝國主義間戰爭的勝利者都會接管失敗者的領土。經過數百年戰爭和倒退，在鮮血白流、財富虛擲和忠誠掃地之後，現代文明可能會剩下兩個帝國：英國和德國，或美國和中國。兩個帝國擁有的武器都代表其居民創造的、超過維持生存需求的「剩餘價值」（Surplus value）。兩個帝國都會含有白種人和黃種人，以及棕種人和黑種人，在世界地圖上一條變動的線兩端互相仇恨。但是鬥爭會繼續下去，作爲太平洋海軍大決戰的結果，只有一個帝國能存在。「帝國自我主義」得出自己的邏輯結論之後，將不再有意義。地球上減少了一半的居民，將不得不從博愛主義觀點考慮種族問題，以及有組織地開發地球的問題。

在競爭進一步深入之前，這個想法是不是完全沒有實行的可能以致沒有必要加以考慮？一千五百年前，在東南歐，持三位一體（Trinity）[12]的本體同一（Homoousian）[13]觀點的人拿起武器反對持本體相類（Homoiousians）[14]觀點的人。雙方的將軍們和其他「眞正政治家」們可能像米爾納勳爵一樣擔心他們的追隨者會變得「過於世界性」，乃至於把他們的同情心擴大到神學領域之外。一個持本體同一觀點的人會說：「這是一個現實問題。除非我方受神學自我主義訓練，學會仇恨對方，否則我們將在下次戰爭中敗北。」然而我們現在可以看到，歐洲的現實利益很少與「我們」勝或「他們」勝的問題有關，而是與下述問題密切相關：能不能發明一種不那麼蠢的形而上學，或發明一種使那些不同意神學觀點的人往後的日子不至於難過的思考人類的方法，藉以消除「我們」或「他們」之分。德國人和我們現在正向著恐怖的世界大戰前進，是否僅是因爲在製造介於我們與難理解的宇宙之間的心靈實體時，認爲「國家」和「帝國」就像本體同一論和本體相類論一樣，是唯一可取的辦法，而且因爲製造了這些實體，我們的同情就被禁錮在其中？

我在研究政治推理的條件時已經強調，我們把無數思想和情感分成性質相同的類別的傾向所產生的邏輯困難現在是不必要的，已爲當代自然科學研究者所嘗試避免。正如現代藝術家以變化多端的曲線和面代替野蠻的直線和簡單的線條，而心理上並不產生混亂一

【12】三位一體，基督教基本信條之一，稱上帝只有一個，包括聖父、聖子、聖靈三個位格。三者雖各有特定位分，卻共具一個本體，同為一個唯一真神，而不是三個神。——譯註

【13】本體同一，基督教神學術語，指耶穌基督與上帝聖父的本體是相同的，稱耶穌基督雖降世成人而具有人性，但同時仍具有神性，且其神、人二性密切結合成為一個位格，即上帝的第二位格聖子；上帝三個位格的本體則是相同的。——譯註

【14】本體相類，基督教神學術語，指上帝聖子耶穌基督與上帝聖父分具互相類似的兩個本體。——譯註

樣，科學的想像已學會處理自然的多樣化事實，不把它們看作許多獨立的集團，每個集團由同樣的個體組成，以單一的類型呈現在我們面前。

我們能學會用這種方式思考全人類多樣化的個體嗎？就是說，能夠做馬志尼宣稱不可能做的事嗎？要是能的話，我們能愛我們能想起的十五億個各個不同的人嗎？

對於第一個問題，一八五九年出版的《物種起源》提供了一個答案。事實上，自當時起，我們已經能夠把人類想像爲既非雜亂一團的許多不同的個人，也非許多同種民族拼湊成的一個整體，而是一個生物集團，其中每個人都與他者不同，不是任意地，而是按照一個可理解的有機進化過程。由於存在於想像的東西也可以存在於感情，因此第二個問題也可指望用進化來回答，今後各國和各帝國的敵對自我主義可以借助對於無限多樣的人們的愛來消弭，我們可以見證他們衝破無盡痛苦和迷惘向與全人類更融洽的關係邁進。

但是，十九世紀的理智悲劇在於：有機進化的發現最初非但沒有激起這樣一種普遍的對人類的愛，反而好像表明這種愛是絕對不可能的。進步似乎永遠是由於一種殘酷的求生競爭，除非停止進步，競爭將永遠持續下去。憐憫和愛會磨鈍競爭的鋒芒，從而不可避免地使物種退化。

在一八五九年以後的一個世代裡，這場無可避免和永無止境、各種族都必須在其中扮演角色的自相殘殺的觀念籠罩著世界政治的研究，猶如對太陽逐漸冷卻的恐懼籠罩著物理學的研究，對只受饑荒和戰爭制約的人口增長的恐懼籠罩著頭一百年的政治經濟學的研究。在達爾文著書立說之前，博愛主義者把非白種人視爲「人和兄弟」，經過短時間的教育，能在除膚色以外的各方面變得和自己一樣。達爾文使人懂得，不能這樣把困難掩蓋過去。種族差異是不受教育影響的，已經存在了幾百萬年，今後還可能朝著趨異而不是趨同的方向發展。

自從達爾文著述以來，種族關係這一實際問題也正好以更嚴峻的形式出現了。在十九世紀上半葉，歐洲殖民者天天與非歐洲人種接觸，儘管他們的衝動和知識都反對埃克塞特大廳（Exeter Hall）[15]樂觀主義的人種學，卻假定問題能自行解決，從而避免了所有關於自身處境的想法。對於澳大利亞或加拿大的土著居民或南非的霍屯督人（Hottentots），貿易自動帶來了疾病，疾病爲更強健的居民掃清了道路。但現在最弱的種族和個人已經死絕，活著的人顯示出意想不到的抵抗白人傳染病的能力，而我們對於傳染病起因的知識一年比一年豐富，因而責任也一年比一年重大。我們正在接近這樣一個時刻：要使種族滅絕的

[15] 埃克塞特大廳，英國斯特蘭北側的會堂，曾作為反奴役運動的中心。——編按

話，就必須故意這樣去做。

但是，如果滅絕既是不可避免，又是故意的，殺人者和被殺者之間又如何能存在共同的感情或目標？據我所知，目前還沒有人自稱對這個問題有一個簡單而確切的答案。倫理問題是在宗教領域內的，但基督教（目前是主要有關宗教）顯然甚至未能想出一個勉強過得去的折衷辦法。官方的基督教理論分明是：所有人都具有同樣的價值，一個特定地方一千年後居住著一百萬名改變信仰的中非矮人，還是一百萬名同樣改變信仰的歐洲人或印度人，對我們來說都無關緊要。不過，在十九世紀，強大的種族究竟應該把它的擴張計畫置於消滅弱小的種族的基礎之上，還是置於試圖在種族可能範圍內提高弱小種族的基礎之上。對於這個現實問題，基督教徒要比伊斯蘭教徒殘酷不知多少——儘管他們的殘酷往往被多少自覺的僞善所掩蓋。

但是，政治上的「達爾文主義」最直接的危險結果，不在於它證明歐洲殖民者消滅非洲土著乃屬合理，而在於「生存競爭」概念可被當作一種證據，證明歐洲各國在過去四分之一世紀裡爭奪世界商船航線的控制權對每個有關國家既是科學的必須，也是道義上的責任。例如：活躍的前馬德拉斯（Madras）[16]總督安蒲西爾勳爵（Lord Ampthill）前不久說過這樣一句話：「生存競爭已從一種個人競爭、家庭、社會和民族競爭，發展爲帝國競爭。」

安蒲西爾勳爵高興地宣稱，在人類進化過程中，半數人必須屠殺另一半數的人。當你想到他可能作爲下屆保守黨政府的成員與一個像畢羅親王那樣的德國政治家（此人在透過宣稱個人道德準則不適用於國家行爲而捍衛君主的波蘭政策時，似乎使俾斯麥的教導與他所理解的達爾文的教導相結合）談判時，這種高興勁兒就特別令人不寒而慄。

把個人間的「生存競爭」所產生的生物學上的利益等同於「帝國競爭」可望產生的利益，當然是絕對不科學的。「帝國競爭」必須只在歐洲軍隊間進行，或在歐洲人會同非歐洲人盟友和臣民之間進行。如果採取第一種形式，如果我們假定（安蒲西爾勳爵可能會這樣假定）北歐人種「優於」任何其他人種，那麼，屠殺五十萬精選的英國人和五十萬精選的德國人顯然是一種生物退化行爲。即使採用非歐洲人，相當數目精選的土耳其人、阿拉伯人和韃靼人（Tartars），或者廓爾喀人、帕坦人（Pathans）和蘇丹人被殺戮，這種生物學上的損失對世界來說，按照存活的「高等人」或「低等人」的比例來衡量，也不過略微減少一點點罷了。

【16】馬德拉斯，指今印度清奈。——編按

還有一種論調說「帝國競爭」可望產生的進化利益不是種族而是政治和文化型的「存活」——這種論調也好不了多少。例如：據說我們戰勝德意志帝國將意味著政治自由觀的勝利。這個論調出之於印度統治者之口似乎有點輕率，需要假定各種文化類型在現代世界是由軍事占領最成功地傳布的。但是在古代世界，希臘文化傳布最迅速的時期是在希臘帝國覆滅之後；當代日本作爲一個獨立國家接受西方文化，要比作爲俄國或法國的屬國更容易；印度今天向日本學習的可能性恐怕大於向英國學習。

不過，安蒲西爾勳爵的話與其說是代表一種論據，不如說是代表許多已經忘記或從來不懂這句話所反映的生物學說的人所共有的一種思想習慣。達爾文的第一批信徒認爲人類之所以高出於它的遠祖，是因爲聽任盲目的競爭本能擺布的緣故。因此，所謂「人應該以思考來控制強烈的衝動」這句古老道德箴言彷彿是錯誤的。歸根究柢，不加思考的衝動才是最好的指導，對鄰國本能地採取行動的國家，可以像十年前的巴黎暴徒一樣自稱「爲生存而戰」來爲自己辯護。

要破除這種思想習慣的話，就必須不僅以一種新的論據來反對它，還必須以一種既創造理智信念又產生情感力量的人與宇宙關係的觀念來反對它。

個人生存競爭觀中已經發生的變化表明各民族間競爭的觀念也會發生相應的變化。當代的進化論者告訴我們，各個社會的生物遺傳大有改進的希望，這種希望並非來自於鼓勵人與人競爭，而是來自於在優生學指導下刺激一些高等社會衝動，而這個新觀念的感情作用見諸那種在十九世紀六〇年代使敦厚的英國人苦惱的野蠻的「個人主義」，已幾乎完全從產業政策中消失。

國際優生學也以同樣的方式表明，各個人種不應以相互消滅爲己任，而應鼓勵改進各自的人種。這種觀念對於那些認爲全人類自北歐人而下明確地劃分爲「高等」和「低等」，而且像雪梨政治家確信「白人澳大利亞」（white Australia）勢在必行那樣確信「白人世界」（white world）最終必然實現的人，是沒有吸引力的。但是在這方面，在過去數年裡，歐洲人已經表現出一種新的謙讓跡象，一則由於廣泛傳布的理性原則，一則由於日俄戰爭以及中國戰備的嚴峻事實。八年前我們在遠東劃分的「勢力範圍」，現在看起來簡直是個愚蠢的笑話，那些讀歷史的人已爲我們在一八五九年洗劫圓明園，毀壞了我們永遠難以望其項背的千年藝術瑰寶而感到羞恥。我們已經眞誠地相信世界十分富饒，足可供應除了我們自己以外的其他文明國家和種族生存而有餘。我們研究了基督教文獻，不得不相信我們的宗教只是世界許多宗教當中的一種，並承認它從印度和波斯更悠久的哲學傳統以及更精細和更有耐性的頭腦中受益不少，而且還將繼續受益。即使我們把人類的未來看作一個純生物學問題，科學家也警告我們，只依靠一個族或一個種，把它當作全世界的育種基礎是靠不住的。眼下我們害怕人種的雜交，但我們這樣做是因爲無視過去雜交成功的顯著範例，因爲我們完全忽視了成功所繫的條件。

因此，已經可能實實在在地期待人類有一個不必透過鮮血和仇恨獲得的未來。我們可以想像各國按人種分配在溫帶或熱帶繁殖場，或甚至故意把少數落後到極點的部族男女安置在不同的島上，而沒有必要去刺激人類最強烈的感情爲一次大戰作準備。現在沒有人指望立刻就有或預言最終將有一個世界聯盟，但只要意識到人類的一個共同目標，或甚至承認這樣一個共同目標是可能的，世界政治的面貌將立即改變。海牙（Hague）會議討論停止軍備競賽將不再顯得是空想，而殖民列強拚命聲明沒有私欲的企圖，可能會從卑鄙而無益的僞善變成每個國家都據以調整其政策的事實。在未來人類進步觀的對抗下，帝國周邊經常爆發的無理性種族仇恨，在世界政治中將不起作用。

與此同時，各帝國確實仍在爲殊死戰爭作軍事準備，現在就連和平移民問題也變得一年比一年更具威脅性，因爲航運公司可以用每人一、二鎊的價格將數以萬計的中國或印度勞工運送到世界任何一個港口。但當我們想起這些事情時，我們再也不必感到自己被掌握在嘲笑人類的目標和人類的仁愛的命運之神手裡。全人類生存的觀念終成爲我們個人經歷的可能背景。它的情感效果可能不亞於希臘城邦肉眼能見的神殿和城牆，儘管它不是形成於我們視覺的證據，而是形成於我們童年時獲得並半自覺地爲日常生活所證實的知識。

我們所有人，普通老百姓和知識分子，現在都爲自己描繪一張地球的圖像，圖上有光明的半球和黑暗的半球，電報從地球的每一個角落不時給我們發送訊息。地球已經比我們坐在火車裡匆匆掠過的田野和屋舍更加眞實，人人都能看見它在無垠的天空中懸掛著，旋轉著，服從其作用於我們能在數百光年之外的地方注視並在心跳中感知的力量。相機拍下的新的鮮明證據使地球表面的冰雪、岩石和平原以及異國人民的驚訝目光一年比一年更接近我們。

我們可能久久地繼續對這種景象的眞意抱持不同的看法，但既然我們可以毫不費力地注視它，它就會激起我們生命中最強烈的衝動。對我們某些人來說，它可能帶來對但丁（Dante）看到的那種「感動太陽和其他星辰」的愛的信任。對我們每個人來說，它可能暗示給所有那些把自覺生活的火炬代代相傳的迷惑的人以更仁慈的憐憫。

作者生平與著作年表

年代	生平記事
一八五八	•五月三十一日，生於桑德蘭的蒙克韋裡茅斯。
一八七七	•進入牛津大學（至一八八一年）。
一八八六	•加入費邊社（至一九〇四年）。
一八八七	•成為費邊議會聯盟主席。
一八九〇	•被任命為大學推廣講師。
一八九四	•當選為倫敦學校董事會成員。
一八九五	•與韋伯夫婦、蕭伯納建立倫敦經濟學院，並任教於此（至一九二三年）。
一八九七	•成為董事會學校管理委員會主席（至一九〇七年）。 •與社會主義作家阿達·拉德福德結婚。
一八九八	•《弗朗西斯·普萊斯的一生》出版。
一九〇八	•重要的學術著作《政治中的人性》出版。
一九一四	•成為倫敦大學政治學教授。 •《偉大的社會》出版。
一九二一	•《我們的社會傳統》出版。
一九二六	•《思維的藝術》出版。
一九三二	•八月九日在康沃爾的波洛依去世。

中英名詞對照

英文

A. E. 齊默恩　A. E. Zimmern
A. T. 哈德利　A. T. Hadley
A. 沃爾夫博士　Dr. A. Wolf
G. K. 切斯特頓先生　G. K. Chesterton
G. 塔德先生　Mr. G. Tarde
H. G. 威爾斯先生　Mr. H. G.Wells
J. H. 米爾黑德教授　Professor J. H. Muirhead
L. 皮爾索爾·史密斯　L. Pearsall Smith
W. H. 溫奇　W. H. Winch
W. J. 布萊恩先生　Mr. W. J. Bryan
W. 特羅特先生　Mr. W. Trotter
W. 麥獨孤先生　Mr. W. M'Dougall

一劃

《一八三四年濟貧法案》　*Bill of 1834*
《一八六七年改革法案》　*The Reform Act of 1867*

二劃

《人對國家》　*Man versus the State*
入迷　spell-bound
十分之一的底層階級　the submerged tenth

三劃

三位一體　Trinity
上人　over-man
下等階級　the lower orders
《下議院的莫利先生》　*Mr. Morley in the House of Commons*

大英帝國聯合協商會議　The Federal Deliberative Assembly of the British Empire

小英格蘭人　Little Englander

《小要理問答集》　*The Shorter Catechism*

四劃

不列顛　British

不列顛帝國　British Empire

不能被僱用者　unemployable

《中國傳道》　*Chinese Mission*

仁慈的私人戰爭　beneficent private war

內文森先生　Mr. Nevinson

《公主》　*Princess*

公民　citizenship

《公共責任與選舉投票》　*Public Responsibility and Vote by Ballot*

分離主義者　Sparatist

天主教　Catholic Church

少數簡單原則　few simple principles

巴布　Babus

巴克爾　Buckle

巴利奧爾學院　Balliol

巴里先生　Mr. Barrie

巴涅爾　Parnell

巴特勒主教　Bishop Butler

巴爾福先生　Mr. Balfour

巴蘇托蘭　Basutoland

心理彩色平版印刷技法　mental chromolithography

《心理學原理》　*Principles of Psychology*

《日本精神》　*The Japanese Spirit*

比加利亞　Beccaria
比例代表制　proportional representation
《比例代表制手冊》　*Proportional Representation Pamphlet*

五劃

加利西亞　Galicia
加富爾　Cavour
加菲爾傳　Life of J. A. Garfield
加德納教授　Professor Gardiner
卡非人　Kaffirs
卡爾·皮爾遜教授　Professor Karl Pearson
布列塔尼　Breton
布林戰爭　Boer War
布萊頓廣場　The Brighton Parade
布魯日　Bruges
平均主義　Leveller
《弗里尼欣和約》　*The Peace of Vereeniging*
本能　Instinct
本體同一　Homoousian
本體相類　Homoiousians
《民主及政黨組織》　*Democracy and the Organization of Political Parties*
《民主和社會倫理》　*Democracy and Social Ethics*
甘必大　Gambeta
《生物統計學》　*Biometrika*
白人世界　white world
白人的負擔　the white man's burden
白人澳大利亞　white Australia
白芝浩　Bagehot

立憲民主黨人　The Constitutional Democrats

六劃

《伊底帕斯在柯隆納斯》　*Oedipus Coloneus*

休・塞西爾勳爵　Lord Hugh Cecil

休謨　Hume

先知但以理　Prophet Daniel

共產主義　Communism

合法志願範圍　Sphere of Legitimate Aspiration

合恩角　Cape Horn

吉文思　Jevons

多林神父　Father Dolling

多塞特　Dorset

安蒂岡妮　Antigone

安蒲西爾勳爵　Lord Ampthill

安德魯・傑克遜　Andrew Jackson

托利黨　Tory

有效占領　Effective occupation

米爾納勳爵　Lord Milner

米德爾斯堡　Middlesbrough

米德蘭平原　Midland

考特尼勳爵　Lord Courtney

〈考特尼勳爵機械學院演說〉　*Address delivered by Lord Courtney at the Mechanic's Institute*

自由社會委員會　Liberal Social Council

自由貨幣同盟　Free Money League

自由貿易工會主義者　The Free Trade Unionists

《我們的兄弟》　*Our Boys*
杜・韋特　De Wet
《每日郵報》　*Daily Mail*
沙恩霍斯特先生　Mr. Schnadhorst
狄德羅　Diderot
貝伯先生　Herr Babel
辛普森　Simpson

八劃

亞耳達河　Airedale
亞伯特親王　Prince Albert
亞里斯多德　Aristotle
亞特蘭提斯島　Atlantics
亞維儂　Avignon
使聽眾入迷者　spell-binder
坦尼生　Tennyson
坦慕尼協會　Tammany
孟德爾　Abbot Mendel
定性推理　qualitative reasoning
定量推理　quantitative reasoning
岡倉由三郎　Okakura
帕坦人　Pathans
帕拉馬塔　Parramatta
帕特羅克洛斯　Patroclus
帕默斯頓勳爵　Lord Palmerston
拉斯金　Ruskin
東鄉平八郎　Togo
林根　Lingen
林德赫斯特勳爵　Lord Lyndhurst
治安官式審判　Justices' Justice
法蘭西斯・普萊斯　Francis Place
波耳人　Boer

《物種起源》 *Origin of Species*
《社會心理學》 *Social Psychology*
《社會學評論》 *Sociological Review*
金蛀蟲 gold-bugs
阿比西尼亞 Abyssinia
阿提拉 Attila
阿斯頓市 Aston
阿裡斯托布洛斯 Aristobulus
阿赫西拉斯會議 Algeciras Conference
阿摩司 Amos

九劃

侵略主義者 JINGO
冒險行動 leap in the dark
哈納克 Harnack
威廉·馬克厄文爵士 Sir William Macewen
威廉·莫里斯 William Morris
威廉·詹姆斯 William James
威廉·詹姆斯教授 Professor William James
威廉·瓊斯 William Jones
威爾弗里德·勞里埃爵士 Sir Wilfred Laurier
帝國自我主義 Imperial egoism
《拾遺集》 *Gleanings*
政府前座議員 The Government front Bench
《政府基本原則》 *Of the First Principles of Government*
《政府論》 *Essay on Government*
《政府論第二篇》 *Second Treatise of*

Government
政治心理學　psychology of politics
政治經濟法則　law of political economy
政治經濟學　political economy
《政治經濟學原理》　*Theory of Political Economy*
《政治學》　*The Politics*
《星報》　*Star*
柏克　Burke
柏拉圖　Plato
查士丁尼　Justinian
查理斯・崔威廉爵士　Sir Charles Trevelyan
查理斯・詹姆斯・福克斯　Charles James Fox
查德維克　Chadwick
洛伊德・摩根　Lloyd Morgan
洛克　Locke
珀西・菲茲派翠克爵士　Sir Percy Fitzpatrick
科普特人　Copts
科蘇特　Kossuth
約克郡　Yorkshire
約翰牛　John Bull
《約翰牛的另一座島》　*John Bull's Other Island*
約翰尼斯堡　Johannesburg
約翰・亞當斯教授　Professor John Adams
《美國人的理想》　*American Ideals*
《美國的未來》　*The Future in America*
英格蘭　English
《英國初等教育法》　*The English*

Elementary Education Act

英國的擴張　Expansion of England

英國建築師協會　The Society of British Architects

《英國醫學雜誌》　*British Medical Journal*

《英國議會紀錄》　*Hansard*

范尼隆　Fénelon

范妮・柏尼　Fanny Burney

迪斯雷利　Disaeli

韋爾比　Welby

食物收稅人　Food Taxer

十劃

俾斯麥　Bismarck

倫巴底　Lombardy

《倫理學》　*Ethics*

唐寧街　Downing Street

《埃文・哈靈頓》　*Evan Harrington*

埃克塞特大廳　Exeter Hall

夏洛特・勃朗特　Charlotte Brontë

夏普魯　Chapelot

島國種族　Island Race

拿破崙的征服　Napoleon's conquests

格萊斯頓　Gladstone

格羅特　Grote

《泰晤士報》　*The Times*

浪　furlong

海牙　Hague

海利伯立　Hayleyburg

海德公園　Hyde Park

海德曼先生　Mr. Hyndman

《烏有鄉消息》 *New from Nowhere*
特威方舟 Tweefontein
特威德穆斯 Tweedmouth
特蘭斯瓦爾 Transvaal
納索・西尼爾 Nassau Senior
紐曼紅衣主教 Cardinal Newman
索爾茲伯里勳爵 Lord Salisbury
索福克里斯 Sophocles
馬札爾人 Magyars
馬志尼 Mazzini
馬歇爾教授 Professor Marshall
馬德拉斯 Madras
〈馬賽曲〉 *Marseillaise*
高教會派自由黨人 The High-Church Liberals

十一劃

勒朋 M. Le Bon
唯理智論 intellectualist
《啓示錄》 *The Apocalypse*
國家 polity
《國家》 *The Nation*
國家意識 the sense of the state
培根 Bacon
《基督教的擴張》 *Expansion of Christianity*
基爾・哈迪先生 Mr. Keir Hardie
常識 Common sense
康門紐斯 Comenius
康威爾 R. H. Conwell
康格里夫 Congreve
張伯倫關稅改革運動 Mr. Chamberlain's

Tariff Reform Campaign
悉尼・韋伯 Sidney Webb
梅克倫堡 Mecklenburg
梅特涅 Metternich
條頓人 Teutons
梵蒂岡通諭 Vatican Encyclical
《現代烏托邦》 *Modern Utopia*
理查德・貝爾先生 Mr. Richard Bell
《理想國》 *Republic*
畢羅公爵 Prince Bülow
《異教徒》 *Heretics*
《笨拙》 *Punch*
第二院 Second Chamber
《紳士約翰・哈利法克斯》 *John Halifax, Gentleman*
《莫利傳》 *Morley's Life*
莫思渥斯 Molesworth
連記票 blanket-ballot
《雪梨公報》 *Sydney Bulletin*
雪萊 Shelley
麥卡洛克 MacCulloch
麥考利 Macaulay

十二劃

傅立葉 Fourier
凱維拉 Kevlaar
剩餘價值 Surplus value
勞工階級 the working class
博林布魯克 Bolingbroke
博納・勞先生 Mr. Bonar Law
博塔將軍 General Botha
喀土穆 Khartoum

喬治三世　George the Third

單名制選區　single-member constituency

單斜屋頂　lean-to

彭斯　Burns

惠特利大主教　Archbishop Whately

提勒爾神父　Father Tyrrell

斯托克托特　Stockport

斯坦因　Stein

斯坦利・霍爾　Stanley Hall

斯威夫特　Swift

斯塔福・諾斯柯特爵士　Sir Stafford Northcote

斯溫伯恩先生　Mr. Swinburne

普洛斯彼羅　Prospero

普特尼　Putney

普選　universal suffrage

湯瑪斯・威泰克爵士　Sir Thomas P. Whittaker

湯瑪斯・潘恩　Thomas Paine

無代表不納稅　no taxation without representation

《發展中的人類》　*Mankind in the Making*

《給讀者的信》　*Letter to the Reader*

華滋華斯　Wordsworth

菲利普・斯諾登先生　Mr. Philip Snowden

萊爾　Lyell

《貿易糾紛法案》　*Trades Disputes Bill*

超自然權威　pre-rational character

進步黨　Progressive

《郵報》　*Mail*

階級鬥爭　Class-war

階級意識　class-conscious

十三劃

腹地　Hinterland
葛萊興法則　Gresham's Law
《詩集》　*Poetical Works*
詹姆斯・史蒂芬爵士　Sir James Stephen
詹姆斯・布萊斯先生　Mr. James Bryce
詹姆斯・彌爾　James Mill
詹森博士　Dr. Jameson
賈斯特頓先生　Mr. Chesterton
路易・拿破崙　Louis Napoleon
農業勳章　Pour le Mérite Agricole
《道德科學的邏輯》　*System of Logic*
《道德與立法原則》　*Principles of Morals and Legislation*
達比勳爵　Lord Derby
《預言》　*Anticipations*

十四劃

嘉德勳章　Garter
實證主義　Positivism
《實證宗教教義問答集》　*The Catechism of Positive Religion*
《對當前不滿情緒的思考》　*Thoughts on the Present Discontents*
廓爾喀人　Gurkhas
《演講錄》　*Private Orations*
漢諾威　Hanover
漢彌爾頓　Hamilton
維多利亞女王　Queen Victoria
《維多利亞女王傳》　*Life of Queen Victoria*
《蒙西雜誌》　*Munsey's Magazine*
蓋倫　Galen

赫伯特・斯賓塞　Herbert Spencer
赫伯特・薩謬爾先生　Mr. Herbert Samuel
赫胥黎　Huxley
赫爾巴特　Herbert
赫爾曼・梅爾維爾先生　Mr. Herman Merivale

十五劃

墨洛溫　Merovingian
德巴　Durbar
德摩斯梯尼　Demosthenes
《德布萊夫人日記》　*Diary of Madame D'Arblay*
德沃克斯夫人　Madame de Vaux
德國國家自由黨人　The German National Liberals
摩爾　More
撒克遜人　The Saxon
《暴風雨》　*The Tempest*
《模仿和規則》　*Les Lois de l'Imitation*
模式標本　type specimens
潘克斯特夫人　Mrs. Pankhurst
窮人　Poor
複數投票　plural voting
複數選區制　the multi-member constituency
《論文集》　*Essays*
賦格曲　fugue
輝格黨　Whig
適者生存　fittest

十六劃

憲法制約 constitutional check
《憲法精義》 *Law of the Constitution*
憲章主義 Chartism
〈戰士凱旋〉 *The Solder's Return*
《戰爭格言與拿破崙思想》 *Maximes de Guerre et Penseés de Napoléon Ier*
燒炭黨 Carbonari
獨立工黨 the Independent Labour Party
盧西塔尼亞號 Lusitania
盧梭 Rousseau
《諾丁山的拿破崙》 *The Napoleon of Notting Hill*
諾斯勳爵 Lord North
選戰之夜 final rally
錢德拉・帕爾先生 Mr. Chandra Pal
霍屯督人 Hottentots
霍布斯 Hobbes
霍爾登先生 Mr. Haldane
鮑伊・哈格特 Bowie Haggart
默金農・伍德先生 Mr. M'Kinnon Wood
龍布羅梭 Lombroso

十七劃

彌爾 Mill
戴雪 Dicey
《濟貧法委員會第一報告》 *First Report of the Poor Law Commission*
聳人聽聞 Sensational
輿論 opinion
《輿論和民眾》 *L'Opinion et la Foule*

十八劃

簡・亞當斯小姐 Miss Jane Addams
《織工馬南》 *Silas Marner*
薩伏依人 The Savoyard
薩克雷 Thackeray
薩莫塞特郡議會 Somerset House
藍道夫・邱吉爾勳爵 Lord Randolph Churchill

十九劃

壟斷 Syndicate
羅伯特・比爾爵士 Sir Robert Peal
羅伯特・塞西爾勳爵 Lord Robert Cecil
羅伯特・歐文 Robert Owen
羅斯金 Ruskin
羅斯福先生 Mr. Roosevelt
羅德西亞 Rhodesia
邊沁 Bentham
邊際人 marginal man
《關於文官系統的報告與文件》 *Reports and Papers on the Civil Service*

二十劃

蘇丹人 Soudanese
蘇格拉底 Socrates
警察 Police

二十一劃

櫻草會 Primrose League
蘭波特 Landport
蘭茲唐尼勳爵 Lord Lansdown
《辯解書》 *Apologia*

鐵血政策 blood and iron

二十二劃

韃靼人 Tartars

二十三劃

《邏輯體系》 *The Logic of the Moral Sciences*

《觀察者》 *Observer*

觀察頻率多邊形 observation frequency polygon

經典名著文庫 046

政治中的人性

Human Nature in Politics

作　　者 ── 格雷厄姆・華勒斯（Graham Wallas）
譯　　者 ── 朱曾汶
發 行 人 ── 楊榮川
總 經 理 ── 楊士清
文庫策劃 ── 楊榮川
副總編輯 ── 劉靜芬
責任編輯 ── 蔡琇雀、林葭、呂伊真
封面設計 ── 姚孝慈
著者繪像 ── 莊河源
出 版 者 ── **五南圖書出版股份有限公司**
地　　址 ── 臺北市大安區 106 和平東路二段 339 號 4 樓
電　　話 ── 02-27055066（代表號）
傳　　眞 ── 02-27066100
劃撥帳號 ── 01068953
戶　　名 ── 五南圖書出版股份有限公司
網　　址 ── http://www.wunan.com.tw
電子郵件 ── wunan@wunan.com.tw
法律顧問 ── 林勝安律師事務所　林勝安律師
出版日期 ── 2019 年 7 月初版一刷
定　　價 ── 380 元

國家圖書館出版品預行編目資料

政治中的人性 / 格雷厄姆 . 華勒斯（Graham Wallas) 著 ;
朱曾汶譯 . -- 初版 . -- 臺北市 : 五南, 2019.07
面 ; 公分 . -- (經典名著文庫 ; 46)
譯自 : Human nature in politics
ISBN 978-957-763-413-9 (平裝)

1. 政治思想　2. 政治倫理　3. 人性

570.1　　108006669